1日30分で
年4000万円稼ぐ!

スマホ1台でらくらく儲かる不動産投資法

小林ヒロシ
KOBAYASHI HIROSHI

ダイヤモンド社

はじめに

今や空前の不動産投資ブーム。しかし、不動産投資をスタートしたのに、収支はトントンだったり、なかなか収益が上がらず、持ち出しが増えている個人投資家も少なくありません。

全国の賃貸住宅の空室率は18・8％（総務省統計局「平成25年住宅・土地統計調査結果」）にも上ります。

しかし、僕の経営している物件では、空室率はたったの2％です。平均的な空室率の9分の1で、ほぼ満室をキープしています。

ほかの個人投資家さんにこのことをお話しすると、みなさん驚かれますが、僕としては、当たり前のことを当たり前に行なっているだけなのです。

莫大なお金をかけて広告を出したり、日々、入居者の相談やクレームに対応しているわけではありません。

僕が1日のうち不動産投資にかけている時間は、たったの30分です。それでも、現在、マンションを7棟所有し、家賃だけで年4000万円の収入を得るまでになりました。


なぜ、そんなにお金も時間もかけずに満室経営ができているのでしょうか？

その理由はとても簡単です。


それは、**スマホ1台で賃貸経営を行なっている**からです。

スマートフォンは「収益を上げるためのツール」です。

多くの投資家は「賃貸経営はとても大変で、コストはかかるけれども不動産会社に任せたほうがうまくいく」と考え、スマートフォンを賃貸経営に活用しようとは思わないかもしれません。

しかし、実情はどうでしょうか？　不動産会社に委託したことで、実際には収益が上がらなくなっているケースが少なくありません。

たとえば、管理料は家賃の5％程度が相場です。仮に家賃が8万円だとしたら、管理料は1カ月4000円になります。その4000円のために、どれだけ不動産会社が空室を埋めるために動いてくれるでしょうか。

ほとんど動いてはくれないでしょう。

あるオーナーの話では、購入当初は満室だったのに、2カ月ぐらいしたら、入居者の半数が退去してしまったそうです。青くなって、管理している不動産会社に集客を依頼したのですが、2年たっても一向に空室が埋まりません。

きちんと集客をしているのか、実際にオーナーが周辺の仲介会社に確認したところ、ほとんど営業をかけていなかったことが明らかになったそうです。

オーナーの立場からすると大変です。

不動産会社の都合で2年間も放置されれば、収入に大きな影響があります。

月7万円の部屋が1室でも空いていれば、1年で84万円、2年で168万円の収入のロスになります。ほぼ満室で経営している僕なら耐えられません。

多くのオーナーさんは「10～30％の空室は仕方がない」といって諦めています。

しかし、考えてみてください。収入が減れば、毎月のローン返済も難しくなり、ついには不動産投資から撤退しなければいけなくなるかもしれません。

不動産投資に限らず、ビジネスを継続的に続けていく上で最も重要なことは、**利益を毎月きちんと上げる**ことです。利益がきちんと出ていれば、**不動産投資のリスクの9割を減らす**ことができます。しかし、利益をきちんと出せなければ、不動産投資で成功する可能性はどんどん下がっていきます。

成功率を上げていくには、不動産投資家をカモにしようとする不動産会社に頼らず、「収益を確実に上げるためのツール」として**スマートフォンを徹底的に活用する**ことです。

よく、不動産投資には、優れたパートナーが必要だといわれています。その優秀なパートナーは、オーナーに代わって不動産投資を行なってくれる不動産会社です。

ところが、優秀なパートナーを探すのは、実際のところ至難の技です。なぜなら、業界のことがわからないオーナーをカモにしようと考えている不動産会社があまりに多いからです。肝心なときに機動的に動いてくれない不動産会社では、意味がありません。そして、オーナーをカモにしようと考えている不動産会社なんて論外です。

こうした現状のなか、なんとか自分だけで賃貸経営ができないかと、試行錯誤を重ねた結果、スマートフォン1台で管理をする方法に辿り着きました。実際にやってみると、スマートフォン1台で物件調査から集客、入金管理、建物管理まで、不動産投資のありとあらゆることを行なえるのです。

なかなかよい不動産会社に恵まれないと考えているのであれば、一度、スマートフォンに変えてみてください。絶対にこちらのほうがよかったと思うことになるでしょう。

スマホ1台でらくらく儲かる不動産投資法　目次

第2章 物件の探し方 集中させるから管理が楽になる

第3章 入居者の集め方 スマホで集客の「仕組み」をつくる

第4章 物件の管理法 コストをかけずに収益力を上げる

第5章 利回りの改善 無駄を見つければ、もっと儲かるようになる

第1章

スマホ1台でらくらく不動産投資

「起業したい！」が不動産投資の原点

では、なぜスマホ1台で満室経営が可能になり、家賃収入4000万円を得ることができたのでしょうか？

僕が不動産投資をスタートしたきっかけからお話ししたいと思います。不動産投資を始めた頃の経験が、スマホ1台で不動産投資をすることに大きく関わっているからです。

不動産オーナーになる前は、僕は外資系企業のサラリーマンでした。しかし、このままずっと会社員としての生活を続けようとは思いませんでした。外資系企業は国内資本の企業と異なり、先行きがどうなるかわからなかったからです。もちろん、サラリーマンを辞めて自由に暮らしたいと常に思っていました。

そこで、僕が目指したのが起業です。当時、週末起業というスタイルが人気でした。リスクを減らして最初は副業という形でビジネスをスタートさせ、徐々にビジネスを軌道に乗せて、最終的に独立するというものです。

ビジネスを軌道に乗せるには、経営スキルが必要です。そこで僕が行なったのが、中小企業診断士の資格取得やＭＢＡの勉強でした。

しかし、経営について勉強はしたものの、どんなビジネスをするのかはまったくといっていいほど決めていませんでした。起業するのにもネタが必要です。起業のネタをいろいろ探しているうちに出会ったのが不動産投資です。

金融機関の金利が高く苦しむ日々

僕が不動産投資を始めたのは２００４年です。きっかけは、知り合いに依頼されて、実家の近くの土地を購入したことです。そこに木造３階建ての賃貸併用住宅を新築しました。

自己資金では足りなかったのでローンに頼る必要がありましたが、家賃収入で返せるだろうと考えました。実際にやってみると、賃貸部分から得られる家賃でローンの返済も順調に進みました。

しかし、これはあくまでも知り合いに頼まれてスタートしただけで、本格的な不動産投資とはいえません。それでも、この経験が本格的に不動産投資を学ぶきっかけになったのです。

本格的に不動産投資を始めたのは、それから4年後の2008年。一気に2棟のアパートを購入することから不動産オーナーの道がスタートしたのです。

2008年2月に購入したのが築17年の軽量鉄骨造の全6室（1K）のアパートです。購入価格は5700万円。JRと私鉄駅から徒歩5分の好立地物件です。

もう1つは、築19年の重量鉄骨造で全6室（2DK）のアパートです。購入価格は6600万円で、2008年6月に購入しました。

この2つの物件の表面利回りは、両方とも8％でした。

このとき、融資してくれる金融機関をほかに知らなかったので、金利が高いといわれるスルガ銀行で融資を受けることになりました。金利は当時4・5％でした。これでは表面利回りと貸出金利の差（イールドギャップ）は3・5％しかありません。

このため、低金利の住宅ローンで建てることができた賃貸併用住宅の物件と異なり、手元にお金が残らない苦しい状況が続きました。

退去に伴うリフォーム費用や毎年課税される固定資産税、エアコンや給湯器などの設備が壊れたときの交換費用、建物を維持するための修繕費用などで、ほとんど手元にお金が残りませんでした。

恐らく、このまま放置していれば、いずれは自分の給料や貯蓄から不足分を補てんする可能性が十分にあったのです。

かといって、2018年4月現在のように、金融緩和の時代ではありません。ちょうど10年前はリーマンショックで金融機関が引き締めに回っていた時代です。このため、借り換えという選択肢は僕にはありませんでした。

だから、**不動産投資でお金を残すためには、アパートを効率的に運営して満室経営にするしかなかった**のです。

経営やＭＢＡのスキルが役に立つ

そこで僕は「物件を満室にするには、一体どうすればいいのか」を考え始めました。

無駄な出費はとことん減らし、できることは自分で行なおうと決断したのです。少しでもお金を手元に残したかったので、**自分で物件を管理する**ことにしました。

一方で、僕はサラリーマンとして働いていたので、賃貸経営にかけられる時間も労力も限られていました。だからこそ、なるべく時間と労力をかけずに管理する方法を考えたのです。

「サラリーマンをやりながら物件管理を行なう」のに役に立ったのが、実は以前から勉強していた経営の勉強やＭＢＡのスキルでした。

不動産投資は〝投資〟という名前こそついていますが、ほかの投資と違って、不動産投資で成功するには、**実際に賃貸経営を行なっていかなければなりません。**

需要のある賃貸物件を購入し、常に空室を減らす方法を考え、退去者が出れば入居者を募集します。入居希望者にとって魅力的な物件にするためには、建物の維持管理も行なう必要があります。

そこで僕は、今まで学んだ経営の知識やＭＢＡのスキルを活用すれば、賃貸経営でより多くの収益を上げられるだろうと考えました。

というのも、実は不動産業界自体が、非常に生産性が低い業界だったからです。電話やファックスがいまだに主流で、不動産会社による管理もいい加減なことが多かったのです。

不動産業界の生産性の低さを見て、当時の僕はグーグルをはじめとしたＩＴツールを活用すれば、サラリーマンをしながら意外と簡単に賃貸経営もできてしまうのではないかと思ったのです。


思ったら即、実行するのが僕のモットーです。

早速、実行することにしました。

しかしながら、闇雲にやっても効果は出ません。むしろ、業界の慣習に阻まれて、失敗する可能性があったかもしれません。そこで、僕は、きちんとした戦略を立てて、実行することにしたのです。

僕は満室経営のために3つの戦略を構築しました。

満室経営を実現するための3つの戦略とは?

効率的に賃貸経営を行なっていくには、どういうことを考えればいいのでしょうか。僕は次の3つの戦略を意識しました。

戦略1　無駄を捨て本当に重要なプロセスだけを残す
戦略2　賃貸経営に必要なプロセスを仕組み化する
戦略3　スマホ1台でPDCAを回す

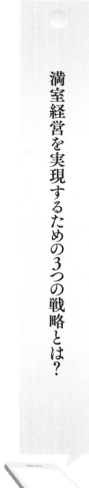

満室のための3つの戦略

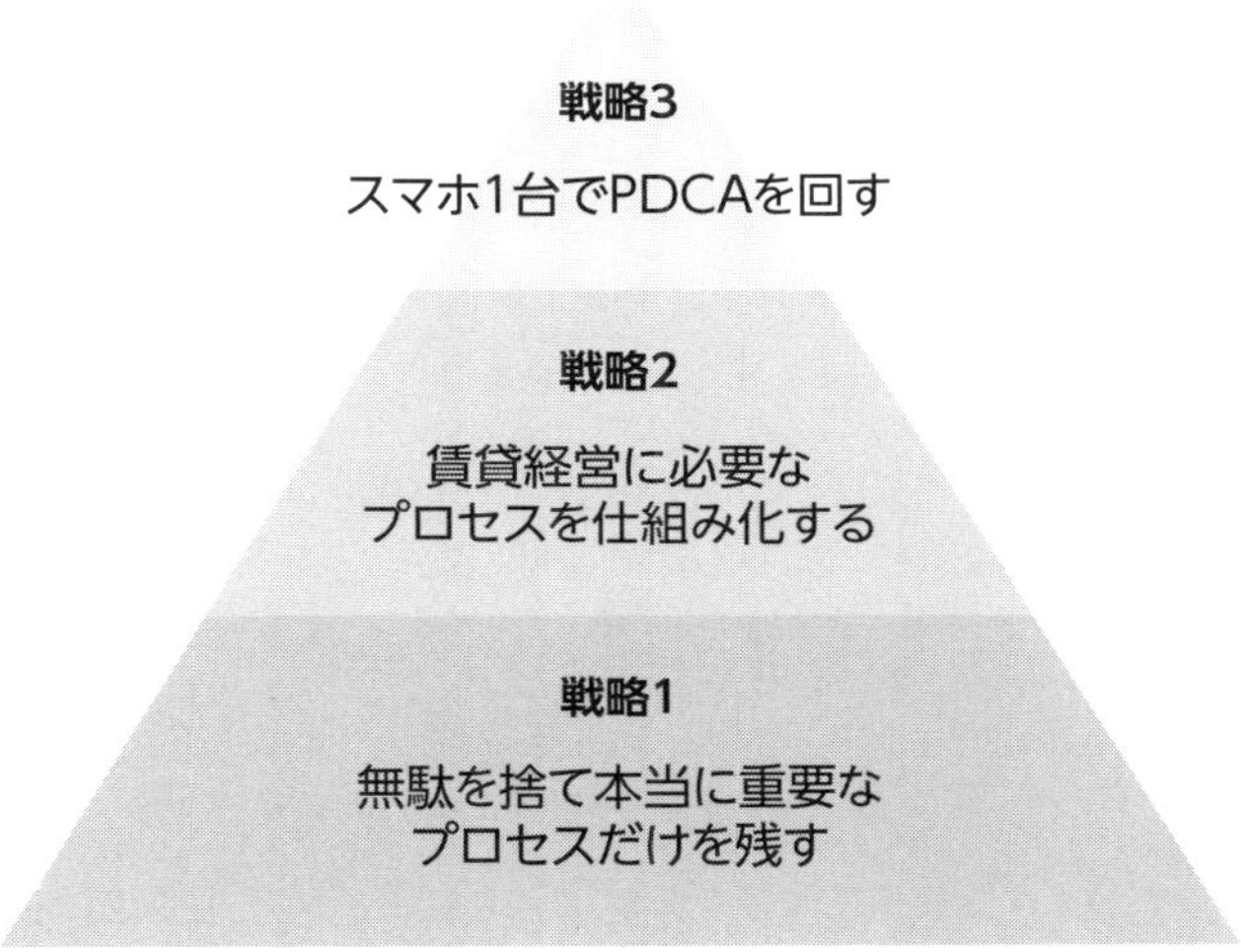
戦略3
スマホ1台でPDCAを回す
戦略2
賃貸経営に必要な
プロセスを仕組み化する
戦略1
無駄を捨て本当に重要な
プロセスだけを残す

経営戦略やマーケティング、IT 化などを不動産投資に落し込んで生まれたのが、この3つの戦略。ピラミッドの土台から固めていく。

本当に必要なプロセスを土台から1つずつ積み上げていけば、スマホ1台で不動産の自主管理はできますし、年商4000万円超えも夢ではありません。しかも、この方法でシステムを構築すれば、1日の実働はたったの30分にすぎません。

では、それぞれの戦略を説明していきましょう。

戦略1
無駄を捨て本当に重要なプロセスだけを残す

昼間はサラリーマン生活をしながら、自分でアパートの管理をするには、1つのアクションで得られる成果を限りなく上げていく必要があります。そのためには、「**無駄なプロセスを徹底して削ぎ落とす**」ことが必要です。

しかし、「賃貸経営で無駄なプロセスとは何か?」といわれても、よくわからない人が多いと思います。自分で無駄の定義をつくるのが一番いいのですが、参考までに、僕が定義する賃貸経営で無駄な行動としては次のことがあげられます。

「何らかの**収益につながる成果が得られない**こと」

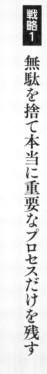

たとえば、不動産会社に集客してもらうために、「自分でマイソク（物件の概要や間取り図などの資料）をつくる」という行動があるとします。

確かに、物件のことを知り尽くしているオーナーがマイソクをつくれば、広告効果は高そうな感じがします。自分の物件の弱みも強みも知っているわけですから、強いところをアピールして魅力的な物件情報を提供することができるかもしれません。

しかし、マイソクをつくるのにも手間がかかりますし、自分が強みだと感じていることが、実は入居者が望んでいないケースもあります。また、デザインにこだわりすぎて、入居希望者に伝わらないこともあります。

あなたが今、所有している物件に北欧のデザイン家具を入れて、鮮やかな色の壁紙に直した部屋があるとします。

オーナーとしては、お金をかけて工夫をした部屋なので、マイソクで強くアピールするはずだと思うのですが、入居者が物件に求めているのは、北欧のデザイン家具や鮮やかな壁紙ではなく、ごく普通の家具や無難な白の壁紙だったということはよくある話です。**オーナーと入居希望者との感覚の違い、ミスマッチが起きている**のです。

物件のアピールポイントを間違えると、せっかくつくったマイソクが逆効果になってしまうこともあります。つまり、**自分でマイソクをつくることは、必ずしも収益につながるわけではない**ことがわかります。

1つ1つの行動を見直して賃貸経営の効果測定を行なう

では、1つのアクションが何らかの収益につながるには、どうすればいいのでしょうか。

何らかの収益につながる行動というのは、必ずどこかで**お金（収益）をもたらしてくれる相手（ターゲット）のニーズを満たしています。**

賃貸経営におけるターゲットは、入居希望者です。情報を提供するときも、入居希望者に伝わるように宣伝をして、集客につなげていくことを考えなければいけません。

普段、入居希望者に接していないサラリーマンオーナーは、どうやってアピールすれば入居希望者が集まってくるのかがわからないでしょう。

そうであれば、マイソクを自分でつくるのではなくて、**必要な情報を集客のプロの不動産会社に与えてマイソクをつくってもらえばいい**のです。

物件の場所はどこにあって、家賃や管理費はいくらか、設備はどのようなものがあるか、いつから入居できるのか、どんな部屋なのかなど、基本的な情報をまとめて不動産会社に伝えればいいだけです。

こうすれば時間も労力もかけずに、入居者の募集ができます。


たとえば「菓子折りを持って、1軒1軒、不動産会社に挨拶に回る」という集客のプロセスがあるとしましょう。

このプロセスも一見すると、集客に効果があるように思えます。なにより、1軒ずつ不動産会社を回って、担当者に挨拶をしたという行動があるので達成感もあります。

しかし、これが何らかの収益に結びつくのでしょうか。

答えは残念ながらNOです。まず収益をもたらしてくれる**入居希望者にほとんどメリットがありません。**物件の最寄駅の近くにある不動産会社を1軒1軒回ったとします。しかし、入居需要は物件の周辺ではなく、もっと遠いところにある可能性がよくあるのです。たとえば、引っ越しで名古屋から東京に来る、大阪から東京に来るなど、物件周辺以外からの入居需要もあります。

入居需要は物件の周辺にしかないという固定概念にとらわれると、近くの不動産会社にしか挨拶に行かず、あまり効果的でない可能性があります。


また、対不動産会社向けの行動としても、効果は薄いと考えられます。

そもそも管理をしてくれる不動産会社にも優先順位というものがあります。不動産会社にとって、優先順位が高い顧客になれば、一生懸命に集客をしてくれるでしょう。しかし、不動産会社にとって優先順位が低い顧客のままでは、どんなに菓子折りを持って不動産会社を回っても、意味がないのです。

では、不動産会社にとって優先順位が高い顧客とは、どういう人かというと、より多くの管理料を払ってくれる顧客です。つまり、**家賃の高い物件**ということになります。

不動産会社の管理物件には、自分の物件以外に、いろいろな顧客の物件があることを忘れてしまいがちです。競合他社と比べて自分が魅力的でなければ、不動産会社を回る効果は限定的になるということがあるのです。

重要なのは、行動をするたびに、その**アクションの効果測定をする**ことです。これを繰り返していけば、無駄な行動を減らすことができ、生産性を飛躍的に向上させることができます。

もちろん、いきなり賃貸経営に関するすべての行動の効果を測定するのは難しいかもしれません。僕も1つ1つ検証し、評価して、残すものは残し、捨てるものは捨てています。だからこそ、実際にやってみて、効果がないと思われるものは、思い切ってやめてみることも必要です。やめてみて、自分なりに違うやり方や方法を探すことです。これもあとで詳しく述べます。

戦略2 賃貸経営に必要なプロセスを仕組み化する

自分なりの基準をつくって、重要なプロセスだけを残すことができたら、第2段階とし

て、その**プロセスを仕組み化する**作業を行ないます。

効率的に賃貸経営をするために必要なことは「**仕組み化**」です。

仕組み化とは、仕事のやり方を決めて、誰が行なってもその業務がうまく回るようにすることです。

ルーティン化できるものやマニュアル化できるものを見つけて、一定の業務ルールをつくることで、管理業務を高速に処理することができるようになり、効率的な賃貸経営につながります。


ただし、そのためには準備が必要です。

集客には集客の段取り、入金管理には入金管理の段取り、建物管理には建物管理の段取りと、それぞれの業務で収益を上げるためのプロセスをあらかじめ決めておかなければいけません。こうすることで無駄な行動を省いて生産性の高い作業を行なうことができます。

1つ1つの段取りでパフォーマンスを上げるには、**「誰に何を依頼するのか」をきちんとまとめておく**ことが必要です。

僕はこの作業を「**データベース化**」と呼んでいます。

たとえば、退去2カ月前に入居者から退去の連絡が入ったとしましょう。

ここで、募集するときのプロセスを考えておくと、即、入居者を募集するための行動を起こすことができます。空室を埋める最も効果的な方法は、退去の連絡が入ったら、すぐに入居者募集をかけることです。入居者募集は時間が勝負です。

集客専門の不動産会社に即行動をしてもらうためには、普段から**「連絡先を控えておく」**ことが必要です。担当者の情報をデータベース化しておけば、退去の知らせが来たら、不動産会社にすぐ情報提供をすることができます。そうすれば、空室期間は限りなく短くなるのです。

同じように、建物管理をするときも、リフォーム業者の名前や連絡先をデータベース化しておくと、すぐに対応してもらえます。さらに定期的に依頼していると、サービスをしてくれることもあります。**仕組み化を進めると、業者との信頼関係を深めることにもなる**のです。

戦略3 スマホ1台でPDCAを回す

最後の仕上げは、**「情報の一括管理」**です。情報を1つにまとめておくと、省力化、効率化を進めることができます。

僕は賃貸経営に関するデータや連絡先などをすべてスマートフォンに集約しています。かつては、情報の一括管理は夢のまた夢でしたが、スマートフォンの登場によって、情報の一括管理がとても簡単になりました。

スマートフォンだけで賃貸管理の仕組みを簡単に回せるようになったのです。

たとえば、賃貸経営をする上で、不動産会社やリフォーム業者、入居者といった利害関係者とコミュニケーションを取ることは非常に重要です。のちほど仕組み化のところで詳しくご紹介しますが、僕はそうした利害関係者と電話でやりとりすることはほとんどありません。効率化のためにも、基本的に**メールでやりとりする**ようにしています。

そして、**メールはすべてグーグルで管理しているの**です。

まず、不動産管理用の新しいメールアドレスを**Ｇｍａｉｌ**で取得します。このメールを活用して、不動産会社、修繕やリフォームの業者、入居者とのやりとりを一括で管理します。

戦略２でリスト化した不動産会社のメーリングリストもＧｍａｉｌで管理しているので、退去が出たときは、ボタン１つですぐに連絡ができるような仕組みになっています。

また、入居者のレントロール（家賃、敷金、契約日、契約期間などをまとめた一覧表）やアパートごとの収支は、すべてグーグルの表計算ソフト「**Ｇｏｏｇｌｅスプレッドシート**」で作成して管理するようにしています。ですので、スマートフォンでグーグルのアプリケーションを開けば、「Ｇｏｏｇｌｅスプレッドシート」はいつでもどこでも見ることができます。

一方、入居者から毎月入金される家賃については、融資を受けている銀行の**インターネ**

ツトバンキングで管理しています。入金があるかないかは、通帳にいちいち記帳するのではなく、インターネットから閲覧できるので便利です。

家賃の入金が遅れている入居者に対しては、**メールで催促**をします。電話と違って時間も取られません。入金が遅れている理由の大半は、忙しくて忘れていたということなので、メールで催促されたほうが、入居者にとっても心理的なストレスが低いのです。

賃貸経営に関する情報はすべてスマホで見られるようにしているので、本業の休み時間や昼休みなどにちょっと確認できて非常に重宝します。

このように、**スマートフォンで情報を一元管理して、スマホでPDCAサイクルを回す**ことによって、業務の効率化を図り、収益性を向上させていくことができるのです。

満室経営で大成功！ 年間収入4000万円に到達

このように3つの戦略で、僕はサラリーマンをしながら自分で物件を管理して、満室経

営を実現してきました。こうした経営努力のおかげで、給料や貯金からの持ち出しもなく、不動産投資をスタートさせてから順調にローンを返済することができています。

アパート経営の実績をもとに、さらなる融資を得て、3棟の収益物件を購入しました。以前から所有する物件と合わせると、2018年4月現在、7棟を所有。家賃収入だけで年4000万円を突破するようになりました。

融資を受けた当初は、金利が4・5%で非常に高かったのですが、金融緩和の到来とともに借り換えも行ないました。年利0・5%のローンに借り換えられて、手元にさらに多くの現金を残すことができるようになったのです。

家賃収入がサラリーマンの年収を超えるようになったところで、僕は会社を退職することにしました。今は悠々自適に自分の好きなことをしながら生活をしています。

これがスマホ1台で年商4000万円を達成した、ざっくりとしたストーリーになります。きちんと戦略を立ててスマホで一元管理すれば、**誰でも満室経営は可能になる**のです。

不動産会社はオーナーを金づるだと思っている

しかしながら、僕の周りには、アパート経営やマンション経営で手元にお金を残すことができずに悩んでいるオーナーさんがたくさんいます。

その最も大きな理由は、オーナーの経営資源（時間や労力、お金）が**生産性の低い部分に注がれている**ところにあります。

本来、その生産性の低い部分は、パートナーである不動産会社と一緒に解決していく問題ですが、オーナーと一緒に成長していこうという不動産会社は残念ながら少ないのが現状です。

多くの場合、不動産会社にとって、オーナーさんたちはパートナーというより、**お金を持っている〝金づる〟**だと思われているのです。

収益物件の管理を委託する人たちの末路

たとえば、シェアハウス投資のトラブルで大きな問題になっている運営会社（不動産会社）の対応を取ってみても、オーナーを自分たちの儲けの道具にしていることがわかります。

事件の概要を知らない読者の方に簡単に紹介すると、「かぼちゃの馬車」というシェアハウスの賃貸経営をサブリース事業としてすべて一括して担当していたのが、スマートデイズという不動産会社です。オーナーは、スルガ銀行から融資を受けて、シェアハウスを建築。その物件の賃貸経営をスマートデイズ社がオーナーの代わりに行ないます。オーナーは賃貸経営を代行してもらった手数料を支払って、家賃収入を得るという仕組みです。

これを専門用語で**サブリース契約**といいますが、契約は30年間保証されていたといわれています。ところが、ほとんどの物件は、想定賃料で埋まるような物件ではなく、なかには空室率が9割の物件もあったそうです。

家賃収入を得られないことから、スマートデイズ社は、2018年1月にオーナーへの家賃の支払いを停止しました。家賃収入がなくなれば、借り入れの返済はできません。1棟に投資をするのに、億単位で融資を受けているオーナーも少なくありません。たとえ年収1000万円以上の優秀なサラリーマン投資家であっても、金額が多すぎて、給料から持ち出しても返済しきれないのです。なかには、賃貸経営を放棄した運営会社に代わって、自ら自主管理の道を選んでいるオーナーもいるようです。

この問題の原因は、運営会社である不動産会社の杜撰《ずさん》な賃貸経営体制にあります。あまりにもひどい対応で社会問題化していますが、多かれ少なかれ、不動産会社に任せていると、こうした問題は発生しがちです。

アパートの半分以上、空室が出ているのに、入居者募集をほとんどしない不動産会社や、何カ月も前から退去の知らせが入っているのに、入居者募集をかけてない不動産会社があります。ひどいところでは、空室がどのくらいあるのか把握していないところもあるのです。

こうした不動産会社に任せるよりは、僕が行なったようにスマホ1台で管理をしたほうが**「不動産会社が原因のリスク」を大きく減らせる**と考えています。

人口減少時代は自主管理をしなければ儲けを出すのが難しくなる!?

本格的な人口減少社会に突入した日本。２０５３年には、日本の人口は１億人を割り込み、９９２４万人に減少します。そのうちおよそ４割近くが65歳以上の高齢者という超高齢化社会になります。

このような社会構成では、郊外の過疎化がいっそう進み、利便性を求めるために都市機能の集約が行なわれて、入居需要が高いところと低いところの差が大きくなると予測されます。

だからこそ、入居者のニーズを分析して、**よりきめ細かな入居需要の予測**と**空室を埋めるための対策**が必要です。そうした小回りの効く対応を、家賃の５％ほどの管理費で不動産会社が行なってくれるでしょうか。

実際、それは微妙なところです。人口減少社会で、管理に割ける人員も限られてくるので、結局、自分で動かなければ、入居者のニーズをいち早くつかむ満室経営は難しいでしょう。

僕のように管理物件が10棟以下の場合は、前述した3つの戦略を活用して、スマホで管理をしたほうが効率的な満室経営をすることができます。

IoTやAI技術の浸透で不動産投資は大きく変わる

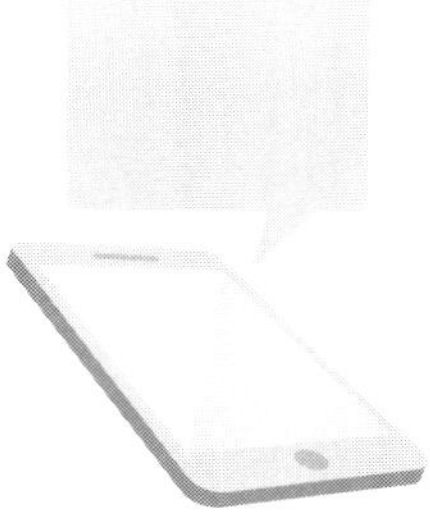

いまだに連絡する手段は電話やファックスが当たり前で、ホームページもないというIT化の進んでいない業界として知られている不動産業界。しかし近年、IT化の流れが押し寄せており、一部の不動産会社では、ホームページがつくられ、メールでのやりとりができる会社も増えつつあります。

僕は集客を行なってくれる不動産会社をメーリングリストに入れて管理していますが、今後は、普通にメールが使える不動産会社がほとんどになると思います。

というのも、**国が不動産業界のIT化を促進している**からです。その目玉となっているのが、国土交通省が進めているIT重説です。

IT重説とは、パソコンやタブレット端末などを活用して、リアルタイムで入居希望者と不動産会社をつなぎ、画面で行なう重要事項説明のことをいいます。

通常の重要事項説明は、入居希望者が不動産会社を訪れて行なわれます。このため、重要事項説明のためだけに不動産会社を訪れなければならず、手間や労力がかかります。とくに遠方からの転勤や引っ越しの場合には、重要事項説明が大きな壁になっていましたが、IT重説の導入によって、こうした問題が一気に解消するので、利用者が増えると見込まれています。

IT重説が一般的になれば、より簡単に賃貸契約を結ぶことができるというものです。

2018年4月現在、IT重説は賃貸契約のみに限られていますが、今後、国はこれを不動産の売買契約にまで広げようとしています。IT重説を行なうためには、不動産業界自体、かなりのＩＴ化を進めなければいけません。誰しも時代の流れには逆らえず、メールで連絡ができるようになるのも時間の問題だと考えられます。

つまり、スマホ１台で賃貸経営がやりやすくなる環境がさらに整うというわけです。

物件を見ないで、ネットで完結する入居者が増える

リクルート住まいカンパニーが行なった『２０１６年度　賃貸契約者に見る部屋探しの実態調査（首都圏版）』によると、物件を見ないで契約を決める人が全体の約１割いることがわかっています。
今後、不動産業界のＩＴ化が進められて、内見も動画で済ますことが一般的になれば、部屋探しになるべく時間をかけたくない人たちや遠方から引っ越しをする人たちを中心に、恐らくこの数値は一気に増加すると考えられます。
すでに技術的には、スマホ１台で内見から契約まで（一部、書面のやりとりあり）一気に

進められるようになっているので、遠くない未来には、インターネットで部屋探しから契約まで完結するのが当たり前になるのではないでしょうか。

もちろん、スマホのアプリケーションなどで鍵の開け閉めを管理する技術もすでにあるので、ますますスマホ1台で賃貸経営がやりやすくなるのです。

スマホ1台で賃貸経営をしていれば、そのような不動産業界のIT化によって生まれる入居需要も取り込むことが可能なのです。

第2章

物件の探し方

集中させるから管理が楽になる

「評価する」「選ぶ」「捨てる」の3つでシンプルに不動産投資をする

第1章では、スマホ1台で行なう不動産投資の基本的なコンセプトをお伝えしました。第2章では、スマホ1台で運営するには、どんな物件を探せばいいのかについて具体的に述べていきます。スマホ1台で不動産投資をするための、まさに土台となるべきところです。

まず、なんといっても**「情報収集」**が重要です。

正しい情報がないところでは、取捨選択もできませんし、重要な決断もできません。もちろん、満室経営をするための新しいアイデアも思いつきません。

何をするにも、まず情報収集をし、正しい情報に基づいて、満室経営のための戦略や方針を考えることが大切になります。

しかし、情報を集めるといっても、どんな情報を集めればいいのかわからないという人がいるかもしれません。

不動産投資の本を読んで勉強するというのも情報収集の1つですが、情報収集で最も重要なことは、**一次情報に当たる**ことです。

他人が編集したり加工したりした情報を参考にすることよりも、まずは一次情報に当たってみて、事実を収集して経営に役に立てることのほうが重要です。

本に書かれている情報が、実際に投資している地域に適合しているとは限らないからです。すべてを鵜呑《うの》みにするのではなく、1つ1つ検証していくことが重要です。

僕は不動産投資をスタートしたときに、できるだけ多くの不動産投資の書籍を読みました。しかし、そこに書かれている情報を丸呑みにしたのではなく、自分にとって本当にメリットがある情報かどうかを選別して、いらない情報は捨てていきました。

限られた時間と労力で不動産投資を行なうわけですから、**情報を評価して、選別し、いらない情報は捨てる**ということを繰り返していきました。

その際の判断基準となったのが、第1章でも紹介した「**1つのアクションで成果が得ら**

れるかどうか」です。

この基準で、今やっている不動産投資の各プロセスをもう一度、再検証してみることが大切なのです。

収益物件を半径5km圏内に集中させる

まず、物件を購入する前に検討してもらいたいことがあります。

それは「購入する物件はなるべく**エリアを集中させる**」ということです。

収益物件のエリアを集中させることで、賃貸経営を数倍も効率化させることができます。

そもそもスマホ1台で本業を持ちながら1人で管理できる物件数は50戸ぐらいが限界だと思います。これ以上の数の物件を管理するには、自主管理だけでは難しいでしょう。

また、たとえ50戸より少ない戸数でも、全国各地に物件が散らばっていたのでは、とても1人で管理することはできません。

２０１８年４月現在、僕が管理している戸数は40戸ですから、まだまだ余裕があります。しかも、自分の所有している物件は、**自宅から半径５㎞圏内に集中している**ので、本当に手間がかかりません。

所有物件を集中させると、賃貸経営がどれだけ効率化するのかをいくつか事例を挙げて説明します。

メリット①　小さな成功事例を横に展開できる

どんなビジネスでも経営で成功させるには、**小さな成功をつくり、それと同じような成功事例を積み重ねていく**ことがポイントになります。不動産投資の満室経営も同じです。

どんなに小さな物件であっても、最初に成功したときのことを可能な限り忠実に再現していけば、ほぼ確実に成功することができます。成功した物件の立地条件、賃貸経営の方法、業者とのやりとり、入居者とのコミュニケーションなどを模倣していくのです。

だいたい失敗してしまうのは、今まで自分が成功したことがない条件で経営をしようとするときです。どのような賃貸の需要があるのか、そもそもどんな人が住んでいるのか、ファミリー層を狙うべきなのか、それとも単身世帯を狙うべきなのか、日常的な交通手段は車なのか、それとも電車なのかなど、入居希望者に対してなんの予備知識もなく、まったく知らない土地で一からスタートして、ほかのアパートやマンションに勝つことができるでしょうか。恐らく非常に難しいのではないかと思います。

絶対に成功したいなら、**自分の成功した条件が揃っている環境で行なう**のが一番です。それに、手間もかかりません。これは、ほかのビジネスでも同じことです。

ただし、不動産というものは、この世に1つとして同じものがあるわけではありません。なるべく成功したモデルと似たようなものを探し、似たような経営環境で行なうことが成功への近道だと思います。だからこそ、**投資する範囲の距離を縮める**のです。

僕が最初に不動産投資に成功したのは、知り合いに依頼されて建築した賃貸併用住宅です。戸数はたった2戸でしたが、このときとほぼ同じ環境のエリアで、現在まで投資を続けています。僕が投資をするのは、自宅から半径５㎞以内。ここに集中させて、自分の成功例を広げています。

ちなみに、５㎞圏内というのは、**自転車で1時間以内に回れる距離**です。**地方で車を使っている人なら、30分くらいで行ける距離**に物件を購入するといいと思います。それほど距離が離れていなければ、**同じ鉄道の沿線**というのもいいでしょう。

成功した物件と似たような経営環境で投資をするのがリスクを減らし、満室経営にするための第一歩になります。

メリット②　立地の良し悪しが正確に判別できる

不動産投資が成功するかどうかは、**立地で決まる**といっても過言ではありません。

しかしながら、立地の良し悪しは、一度や二度、現地を訪れたからといって、なかなか判断できるものではありません。

たとえば、駅から近いといっても、信号がなかなか青にならない大通りがあったり、通勤時間に開かずの踏切があったりして、結果的に駅からのアクセスが悪いということがあるかもしれません。

また、交通の便もよく、物件もキレイで日当たり良好。よさそうな物件だと思っていると、近くに学校があって、休日の昼間も部活などでなにかと騒音が大きく、入居者が長く住み続けられない物件だったというケースもあります。

近くに池や工場などがあると、時間によって、ものすごい異臭がすることもあります。このように実際に住んでみないとわからない問題があるのです。

時間や天候によって物件の雰囲気が変化することを忘れてはいけません。そのため、時間を変えて物件の周辺環境を確かめたり、人の流れを見たり、騒音や臭気などもきちんとチェックしなければ、その物件の立地の良し悪しはわかりません。

しかし、**土地勘**があれば別です。自宅近くに物件を集中させるということは、立地選定に自分の土地勘を活用できます。土地勘があれば、長い信号機も開かずの踏切もなんとなくわかります。工業地域がどこで、どの場所に臭気施設があるのかも、だいたい把握することができます。ここの場所であれば、生活に便利だとか、雰囲気がよいとかなどは、近くに住んでいればわかるはずです。

また、物件視察には、**時間をかけられるだけかけて、じっくりと調査する**必要があります。しかし、物件が自宅から遠かったら、どうでしょうか。物件視察の時間は少なくなり、適当に済ませてしまうかもしれません。そうすると、その物件の本当の欠点を見落したまま購入してしまうことになります。

自宅に近い物件であれば、暇を見ていつでも物件を視察することができます。僕の場合は、**朝昼晩とすべての時間に物件を見に行っています**。夜見に行って、昼間、静かだった物件に問題のある入居者がいることを見つけたこともあります。

実際に物件を購入したあとで、夜中に騒ぐ入居者が見つかったというオーナーさんを何人か知っていますが、こうなっては目も当てられません。問題を抱えている入居者が騒いだり、ほかの入居者に迷惑をかけたりするたびに、空室が増えていきます。こうしたマイナスのループに入ってしまっては、立て直すのはかなり困難です。

物件視察を何度も行なうことで、こうした問題も事前に防ぐことができるわけです。

メリット③　物件の問題を事前に察知できる

物件が近くにあると、常に視察することができるので、大きな問題になりそうなタネを事前に察知して、摘み取ることができます。

たとえば、物件の共用部分に所有者不明の傘が置いてあったとします。ところが、1本の傘でもそのまま放置していると、所有者不明の傘がどんどん増えることになり、いつかはゴミ捨て場のようになってしまいます。共用部分にゴミがたまっている物件は、当然、成約率が下がり、空室率が上がってしまう原因にもなります。

これは、環境犯罪学で「**割れ窓理論**」として知られている問題です。

ゴミの放置などの問題は、その建物が誰にも監視されていないために起こるという理論です。したがって、**小さな問題でも見回りを増やすなど積極的に対処する**ことで、物件の資産価値を維持することができます。

ところが現実を見てみると、日本の管理会社の約4割は、100~500戸くらいの物件を管理しています。その100~500戸の管理には、当然、優先順位があるわけで、すべてを平等に見ることは現実的には不可能です。

管理会社も四六時中、オーナーさんの物件だけを見ているわけにはいかないので、所有者不明の傘が1つ置いてあっても見逃す可能性は極めて高いでしょう。それが原因で前述したように、ゴミ置き場になってしまうことも少なくありません。

だからこそ、物件のエリアを集中させて、こまめに管理することで、こうした問題を未然に防ぐことができます。

メリット④ スケールメリットを活かせる

物件を集中させることで、スケールメリットを活かすことができます。

僕はこれを「**集中投資**」「**ドミナント戦略**」と呼んでいます。

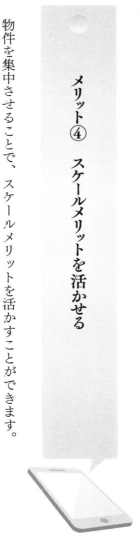

ドミナントとは「支配的な」とか「優位な」という意味ですが、簡単にいえば「**その地域の一番店になる**」ということです。投資対象とする地域で競合相手よりも優位な立場に立てれば、入居希望者から選ばれやすく、集客もしやすくなります。また、物件のエリアを集中させているので、集客をする不動産会社やリフォームや修繕をする会社が優先的に扱ってくれやすくなります。結果的に、賃貸経営がしやすくなるのです。

これもビジネスの基本ですが、大口の顧客であれば、値引きに応じてくれたり、難しい仕事も喜んで受けてくれたりするものです。しかし、小口の顧客では、なかなか無理を聞いてもらえません。

さらに不動産業界は素人や初心者に厳しい世界ですから、相手にしてもらえなかったり、逆にカモにされてしまったりすることもあります。そうしたことを防ぐためにも、物件を集中させて、同業他社よりも有利な条件で仕事を依頼したりするのです。

僕の所有物件は、平均すると1棟あたり6戸の小さな物件ですが、**エリアを集中させることで、不動産会社やリフォーム会社にとって大口の顧客になる**ことができます。

空室率で物件の管理状況を把握する

ところで、読者の中には、すでにオーナーとして不動産投資をスタートしている方も少なくないでしょう。

すでに不動産オーナーになっている場合、どのように物件を集中させて、ドミナント戦略を実行すればいいのでしょうか。

まず所有物件全体の**空室率を調べてみましょう**。空室率で管理の状況をだいたい把握することができます。空室率というのは、管理会社の成績表みたいなものだからです。

ちなみに、不動産評価サイトを運営するタスによると、２０１７年12月期の平均空室率（満室の物件を除いた空室率）は東京都で13・30％、23区内では12・95％です。東京都の市部では16・79％。千葉県16・28％、埼玉県17・55％、神奈川県は15・99％になります。

空室率が5％以下であれば、とても優秀な状況です。

すでに物件があるのなら、今のままの経営環境をなるべく崩さず、成功している物件をモデルケースとして、物件を増やしていきます。モデルとなる物件の周りに新規の物件を集中させて、ドミナント戦略を展開する方法がよいでしょう。

空室率が5～10％であれば、**入居希望者の募集戦略（営業戦略）に問題がありそう**です。管理会社を変えるか、自分で募集をする、もしくは自主管理に切り替えたほうがよいでしょう。その際の募集戦略については、第3章でご紹介します。

空室率が10～20％であれば、**早急に自主管理にする**ことをおススメします。管理会社に任せていても満室にするのは難しいと考えられます。

空室率が20％以上ある場合は、そもそも**立地の選定に問題がある**ようです。それ以前まで、空室率がそんなに高くなかったのなら、周辺の工場が移転したとか、人口減少につながるような出来事が発生しているケースも考えられます。早急に売却などを検討したほうがいいでしょう。

もし売却などができない場合には、本書を読んで、賃貸管理の効率を向上させて、ある程度、空室率を下げてから売却するという方法もあります。

いずれにしろ、**管理会社に任せるのはやめたほうがいい**と思います。管理をさせても、空室は埋まらないので、出費が増えるだけです。

空室率はどのように決まっているのか？

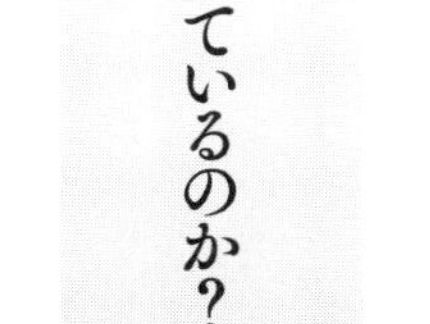

一口に空室率といっても、統一された指標はありません。調査をする機関やサブリース会社、管理会社によって、空室の定義も調査方法もバラバラで、統一性がないのです。ある時点での空室率を判定するところもあれば、物件の年間稼働日数から空室率を割り出すケースもあります。また、賃料収入をベースとして空室率を割り出す調査会社もあるのです。

そのため、空室率を見る立場によって、客観的に賃貸市場の現状を表しているのかどうかを見極めなければいけません。
空室率は、大きく分けて次の３つの方法で計算されています。

①時点ベースで計算する空室率
②稼働ベースで計算する空室率
③賃料ベースで計算する空室率

それぞれ説明していきましょう。

一般的な空室率は時点ベース空室率

①の空室率は、あるエリアでの**瞬間的な空室率**の計算方式です。
たとえば、１００戸の物件があり、このうち10戸の物件に空室があった場合、空室率は

10%になります。一般的に空室率というと、このように計算されることがほとんどです。

不動産物件の評価会社の業界最大手は、この方法で計算した空室率を提示しています。計算の元となるデータは、民間情報会社のデータです。民間情報会社は傘下の不動産会社から得られた賃貸住宅の空室募集情報をデータ化し、空室率を計算しています。この計算方法では、空室率は高めに計算されます。

サブリースの不動産会社が活用する空室率

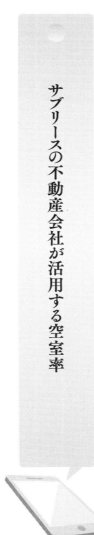

②の稼働ベースで算出する空室率は、**実際に部屋が稼働したかどうか**で計算します。

たとえば、賃貸借契約があることが稼働していることとすると、1年のうちで賃貸借契約がなかった日数の割合が空室率になります。

次のような計算式で求めます。

解約戸数×平均空室日数÷（全戸数×365日）＝稼働ベース空室率

解約個数が10戸で平均空室日数が90日、全戸数が100戸の稼働ベース空室率は、2・5%（小数点2位四捨五入）になります。同じ空室数で見た場合、時点ベースの空室率に比べて、稼働している日数が反映されるので空室率は少なくなります。

この計算方法はサブリース会社などが採用している空室率の計算方法です。何をもって稼働しているのか、その定義によって、空室率が大きく変動します。

いかにキャッシュロスが増えているかを計算する空室率

③の賃料ベースの空室率は、日数ではなくて**賃料ベースで計算**をします。

たとえば、満室想定の月額賃料が100万円のアパート（10戸）があるとします（1戸当たりの月額賃料は10万円）。年間の想定収入は1200万円です。このうち年間で2戸が3カ月空室になり、9万円でしか契約を決められなかった場合の空室率を計算してみます。
計算式は次のようになります。

｛想定年間家賃－（入居部屋の家賃＋空室後決まった部屋の家賃）｝÷想定年間家賃
＝賃料ベースの空室率

｛1200万円－（120万円×8戸＋9万円×〈12－3カ月〉×2戸）｝÷1200万円
＝6・5％

この計算式で空室率を算出すると、想定賃料との差異や家賃の未回収分も反映されるので、空室率が高めになる傾向があります。ただ、賃貸経営を行なう上で、このような指標があったほうが問題点を把握しやすいという利点があります。

③の空室率の計算方式を出している管理会社はまだ少ないのが現実です。このようにキャッシュフローベースで実態に即した数値を出してもらえる管理会社であれば、委託してもいいといえるでしょう。

ファミリー層、新婚カップル層を狙う

空室率を減らし、退去で発生するリフォームなどのコストを減らすためには、**長い間住んでもらう**ことが重要です。

マーケティングでは、**顧客の生涯価値**を増やすという考え方があります。要は、商品をリピートし続けてもらうことによって、**一人のお客様が使う金額を最大化させる**ことで利益を上げていくという考え方です。

当たり前のことですが、新規顧客を獲得するには、お金がかかります。広告費用もかかりますし、家賃の値引き交渉があるかもしれません。ずっと新規顧客ばかりを狙っていたら、利益のほとんどは広告費や販促費などで消えてしまうかもしれません。

それでは手元にお金を残すのは難しくなってしまいます。リピーター、いわゆる長く住む入居者を増やすことが必要になります。

首都圏の平均居住期間（2017年度上期）

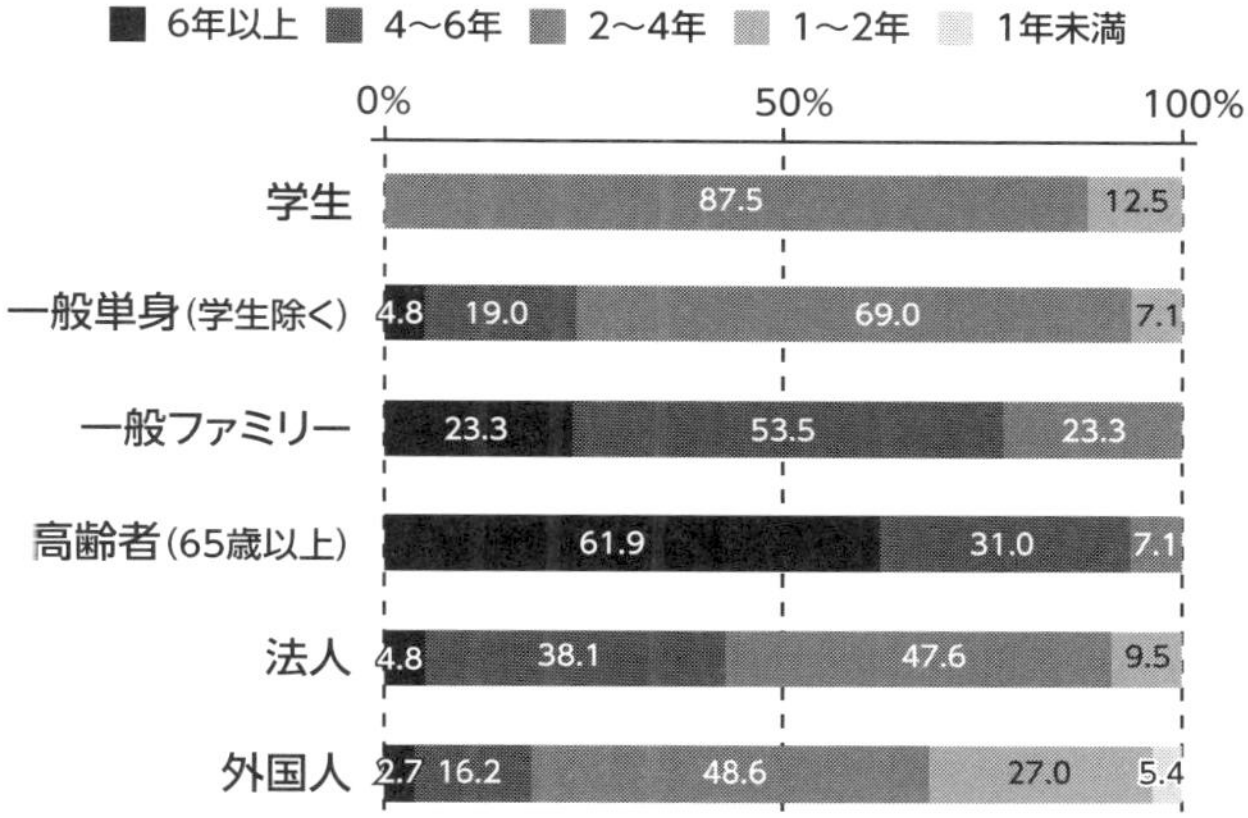

資料）日本賃貸住宅管理協会

そこで、リピーターを増やす戦略を立てなければなりませんが、そもそも賃貸物件に長く住む人を最初からターゲットにしておくことも必要です。では、物件に長く住みやすい入居者というのは、どういう人なのでしょうか？

日本賃貸住宅管理協会が調べた平均居住期間を見てみましょう。

2017年度の上半期の平均居住期間を見ると、ファミリー層の場合は、全国平均で73・9％が1つの物件に4～6年以上居住しています。首都圏では、それよりも2・9ポイント上昇しています。首都圏のほうが、ファミリー層は長く住むという結果が出ています。

子どもがいるファミリー層は、子どもの友達づくりの観点から、頻繁に引っ越さないということもあるでしょう。また、引っ越し費用は家族が多いほど増えるので、なかなか引っ越しにくいという側面もあります。

僕の物件では10年以上入居している方が全入居者の30％くらいです。やはり10年以上入居している人が3割いると、経営的に安定してきます。

それに比べて単身世帯の場合、4～6年以上居住する人の割合は、全国平均で26・2％。首都圏では、そこから2・4ポイントも減少することになります。多くの単身世帯は2年から長くても4年くらいで退去を繰り返します。

前述したように、退去が出れば、それに伴うコストもかかりますし、空室が埋まらなければ、収入も途絶えることになります。そうであれば、最初から**ファミリー層をターゲットに投資をしていく**のが賢明でしょう。

ファミリー層の住みやすい間取り、設備、生活環境、生活施設など、入居者ニーズに合った物件を探していくのです。

間取りでいえば、**2DKや2LDKの物件**です。子育て層には部屋が独立していたほうが使いやすいので、やや広めの物件を狙ったほうがよいでしょう。

動物を飼う、禁煙にするなど入居者ニーズを満たす物件にする

僕の物件では**ペットを飼ってもよい**ことにしています。

2018年4月時点では、都内でもペットを飼ってもよいという物件が少ないのか、僕の物件では退去率が低くなっています。物件の中には動物病院が近いものもあるので、ペットを飼っている入居者にとっては便利な物件になって定着している感じがします。

また、僕の物件ではありませんが、九州のある新築マンションで**建物全体を禁煙にした**そうです。これは、共用部分であるベランダでの喫煙が社会問題化しているためです。

2020年の東京オリンピック・パラリンピックに向けて、政府がマンションやアパートの共用部分での喫煙を禁止する法案を検討しています。受動喫煙の社会問題化が後押ししたのかどうかわかりませんが、全面禁煙のマンションは募集してすぐに満室になったそうです。

同業他社がやっていないマーケット戦略で退去率を減らし、満室経営を実現させましょう。

大学や工場で成り立っているエリアには投資しない

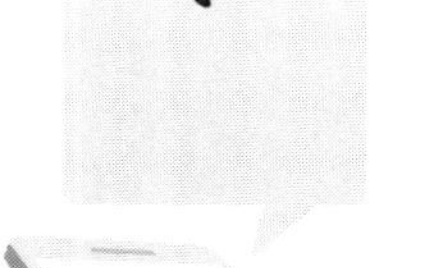

自宅の周辺に物件をまとめていくのがドミナント戦略ですが、自宅の周辺で**過疎化が進んでいる場合は、別の場所に物件をまとめていく**必要があります。

ちなみに、急激に過疎化する街には特徴があります。それは、**大学や大病院、工場を中心に街が成り立っている**ことです。

２０１８年2月に、横須賀市で41年ぶりに人口が40万人を割ってしまったというニュースがありました。横須賀市には、トヨタ、日産、マルハニチロなどの工場がかつてあり、その工場が中心になって街が成長していた部分も大きかったと思います。

ところが、相次いで工場が閉鎖していき、人口減少に歯止めがかからなくなってしまったのです。

アパートやマンションも、工場で働く人をターゲットにしていたところが多く、工場がなくなったら、入居者はいなくなってしまったという事例が後を絶ちません。なかには、家賃を1万円にしても半分以上が空室だという物件もあります。

空室が続くと、売却することもできません。毎日、キャッシュロスが続いて、最終的にはどうにもならなくなってしまうのです。

ですから、工場や大学、大病院に通う人をターゲットにした賃貸経営はオススメできません。

計算式で商圏の中の割安物件を探す

空室率を下げるには、立地のよい場所に物件を持つことがとても重要です。

しかし、いくら立地が素晴らしくても、資産価値があまりにも高過ぎると、結果的に賃貸経営に行き詰まります。なぜなら、投資する金額が割高になり、それに見合った利益が得られない可能性があるからです。

僕の場合は、なるべく割安な価格で購入することを意識して、物件を選定しています。とはいえ、「割安かどうかは不動産の専門家ではないのでわからない」という人が多いかもしれません。その物件が割安なのかどうかを調べるために僕がいつも使っているのが、**路線価を基準にして計算**する方法です。

ちなみに路線価とは、その名のとおり、道路の価格のことです。投資したい場所の路線価図を見ると、1㎡あたりの土地の価格が1000円単位で表示されています。たとえば、路線価図の道路に1100と書いてあれば、110万円ということです。

購入したい土地の前面にある道路には値段がついています。その道路の値段に土地の広さを掛けて計算すると、その土地の路線価が計算できます。

路線価は、毎年1月1日に国土交通省が発表する公示地価のおよそ8割になるように計算され、相続税や贈与税の算定基準となっています。なお、路線価は毎年7月1日頃に国税庁から発表されます。

路線価図のウェブサイト

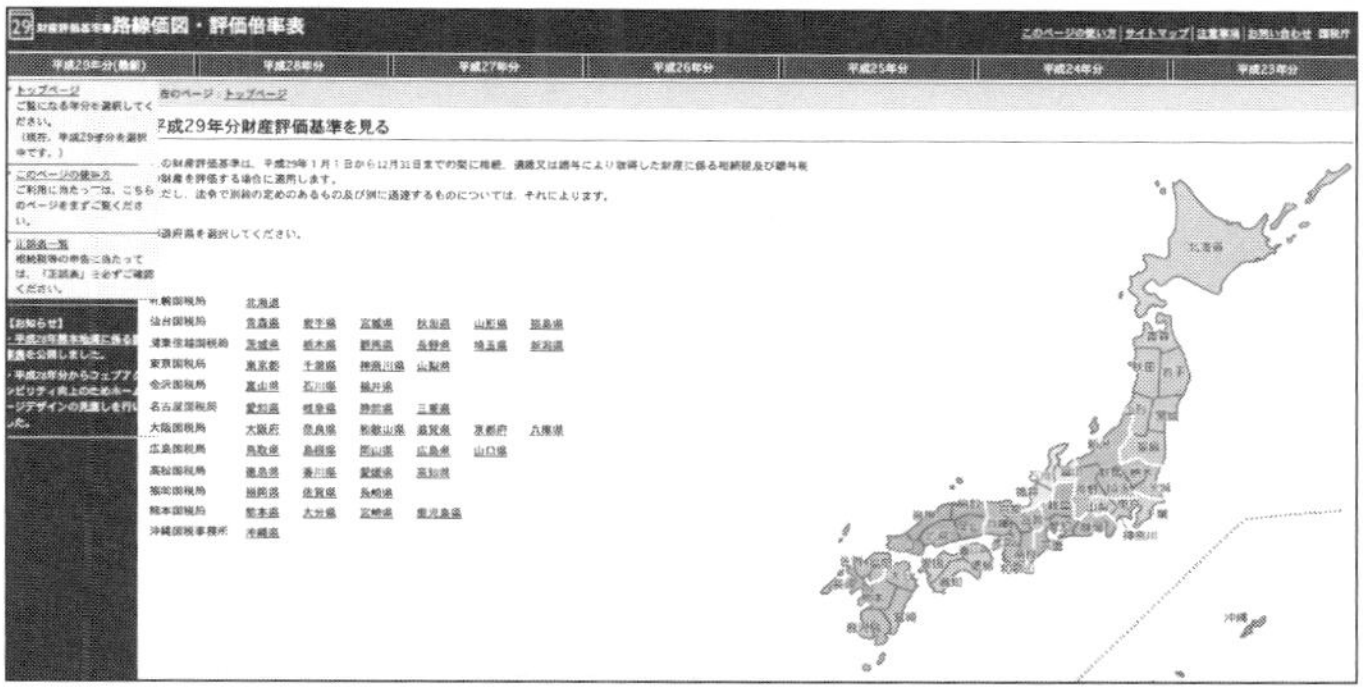

路線価は国税庁のホームページ（http://www.rosenka.nta.go.jp/）から調べることができます。

路線価で不動産の価格を調べるのには、理由があります。

一般的に土地の売値（時価）は公示価格の約1割増といわれています。

一方で、路線価は公示価格の8割になるように計算されています。そこで、路線価に土地の広さを掛けて、路線価の土地の値段を出したあとは、実勢価格を算出するために、その価格を0・8で割り戻します。

路線価×広さ（㎡）÷0・8

たとえば、路線価で1㎡あたり100万円の土地があります。土地の大きさが100㎡の場合、100を掛けて1億円になります。実勢価格を出すために1億円に0・8で割り戻します。

100万円×100㎡÷0・8＝1億2500万円（A）

1億2500万円が土地の基準価格になります。2018年4月現在、不動産の価格は上昇していますから、0・8で計算した基準では見つかりにくい状態になっています。実情を考えれば、0・6ぐらいまでは割り戻してもいいかなと思っています。

続いて、土地と建物を合わせた収益物件全体の基準価格を出します。先ほどの0・8で割り戻した土地の価格に、さらに0・7で割り戻します。0・7というのは、建物は物件価格の約3割であるというイメージです。

（A）÷0・7＝1億7857万1429円（小数点第1位四捨五入）

ということで、土地と建物を合わせて約１億８０００万円になります。この投資対象地域で１００㎡の物件を探していたとしたら、約１億８０００万円以下の物件ならば割安の物件だと判断できるわけです。

投資する物件は南向き角地を狙う

価格で物件を絞り込んだら、さらに資産価値の高い物件かどうかを調べるポイントがあります。ポイントは次の３つです。

ポイント①　接道状況がよいもの
ポイント②　道路に対して敷地の大部分が接している
ポイント③　物件の正面の方角は南向き

それぞれのポイントについて、具体的に見ていきます。

ポイント① 接道状況がよいもの

資産価値が高い条件の1つに、道路がその土地にどのように接しているかがポイントになります。

まず最低限、資産としてクリアしなければならないのは、「**接道義務**」です。建築基準法第43条1項に「建築物の敷地は、幅員4m以上の道路に2m以上接しなければならない」という義務があります。

この条件を満たさない建築物は、**再建築不可物件**といわれ、一度、取り壊すと、接道義務を満たさなければ、二度と建築できないというルールがあります。

基本的に、築年数が古い物件に接道義務を満たさないものがあります。築古で割安な物

接道義務とは?

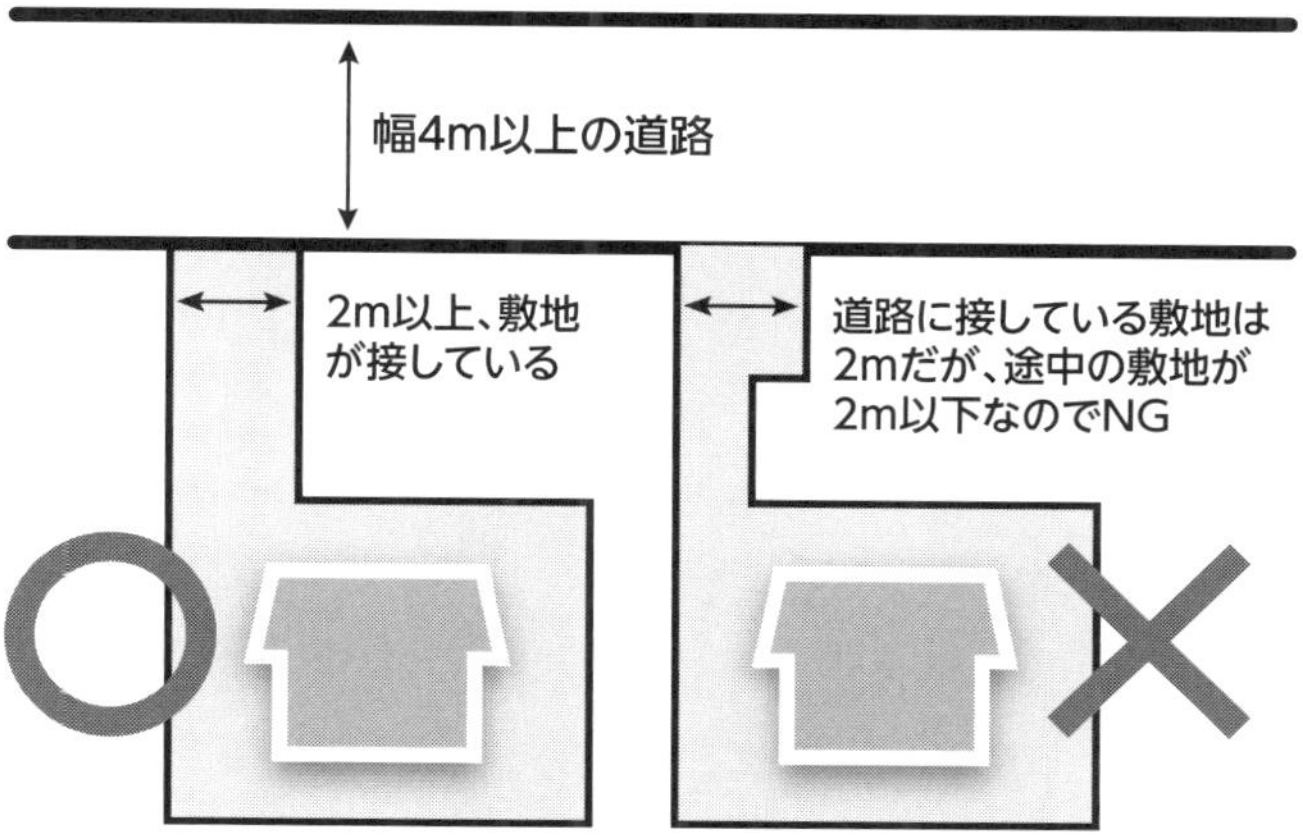

件を探すと、再建築不可の物件に遭遇することがありますが、これを選んではいけません。金融機関の融資が下りませんし、いざというときに売りづらいという問題もあるからです。

再建築不可にならない道路の最低限の幅員は4mですが、僕は**6mの道路に面している土地**を推奨しています。僕が投資しているエリアは、東京の城東地区です。古い街並みが残っている地域で、道路の幅員が狭いエリアです。このような地域では、道路の幅が広いということが資産価値の高さにもつながるので、6mとしています。

ポイント②
道路に対して敷地の大部分が接している

不動産の資産価値は、道路の幅だけではなく、敷地が道路に対して、どれだけ接しているかもポイントになります。

法律で決められているのは**2m**ですが、2mの間口で1棟もののアパートやマンションを建てるとなると、土地の形状は**旗竿地**《はたざおち》になってしまいます。

旗竿地というのは、よその敷地に周囲を囲まれて、土地が旗状になっているものをいいます。

旗竿地は日当たりが悪いなどの理由で価格が安い場合がありますが、土地の形状があまりよくないので基本的には投資対象にしていません。

僕が投資対象とするのは、**正方形や長方形の整形地**です。整形地は道路に対して、土地

旗竿地や不整形地は避ける

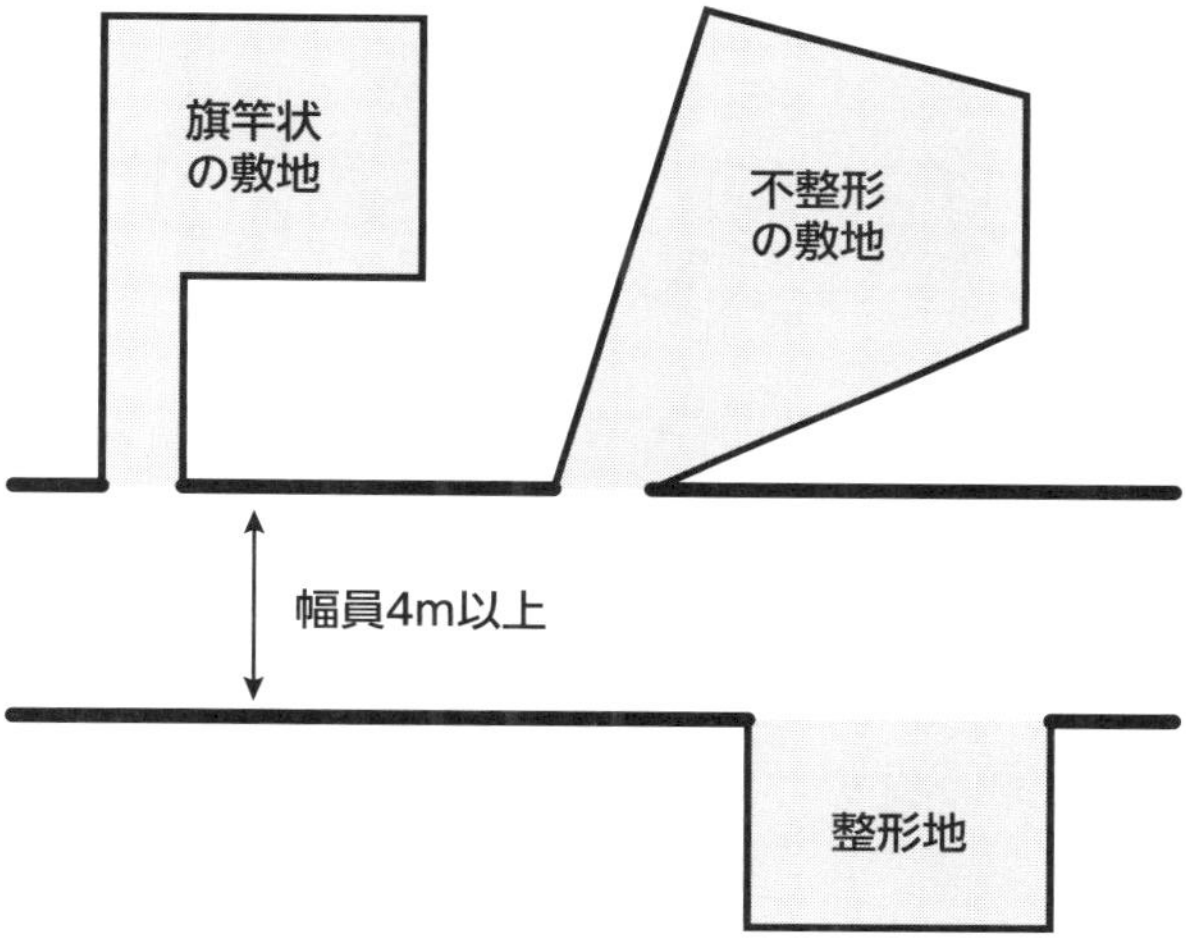

の大部分が接しており、土地を活用しようと思ったときに**デッドスペースがないので資産価値が高い**のです。

ただし、杉並区のように入居需要が逼迫《ひっぱく》していながら、そもそも条件の揃った物件がないエリアでは、物件の選び方も変わってきます。しかも、入居希望者が20代や30代といった若い世代ならなおさらです。住居は寝るためだけという程度であれば、旗竿地でも投資対象に入れることもあります。

投資をしようとするエリアの**入居希望者の状況や入居需要などをあらかじめ調査しておく**ことが大切なのです。

ポイント③　物件の正面の方角は南向き

投資対象とする物件は、**日当たりも考慮**します。理由は、僕が対象としている入居希望者は、**ファミリー層やカップル層が多い**からです。

20代や30代の単身世帯では、部屋選びで日当たりの優先順位が高い人はあまりいませんが、ファミリー層やカップル層では日当たりの優先順位がかなり高いのです。日当たりの悪い暗い部屋は子育てにも影響があると考えますし、洗濯物も乾きづらいという面もあります。

先ほど、整形地を狙うと書きましたが、**南向きの角地**を僕は好んで投資対象としています。

角地とは2つ以上の辺が道路に接している物件のことです。道路には建物を立てられないので、基本的に日当たりがよく、風通しもいいので人気が高い土地です。

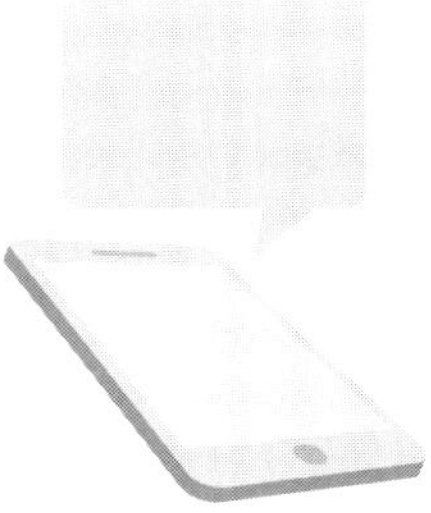

南向きの角地がよい

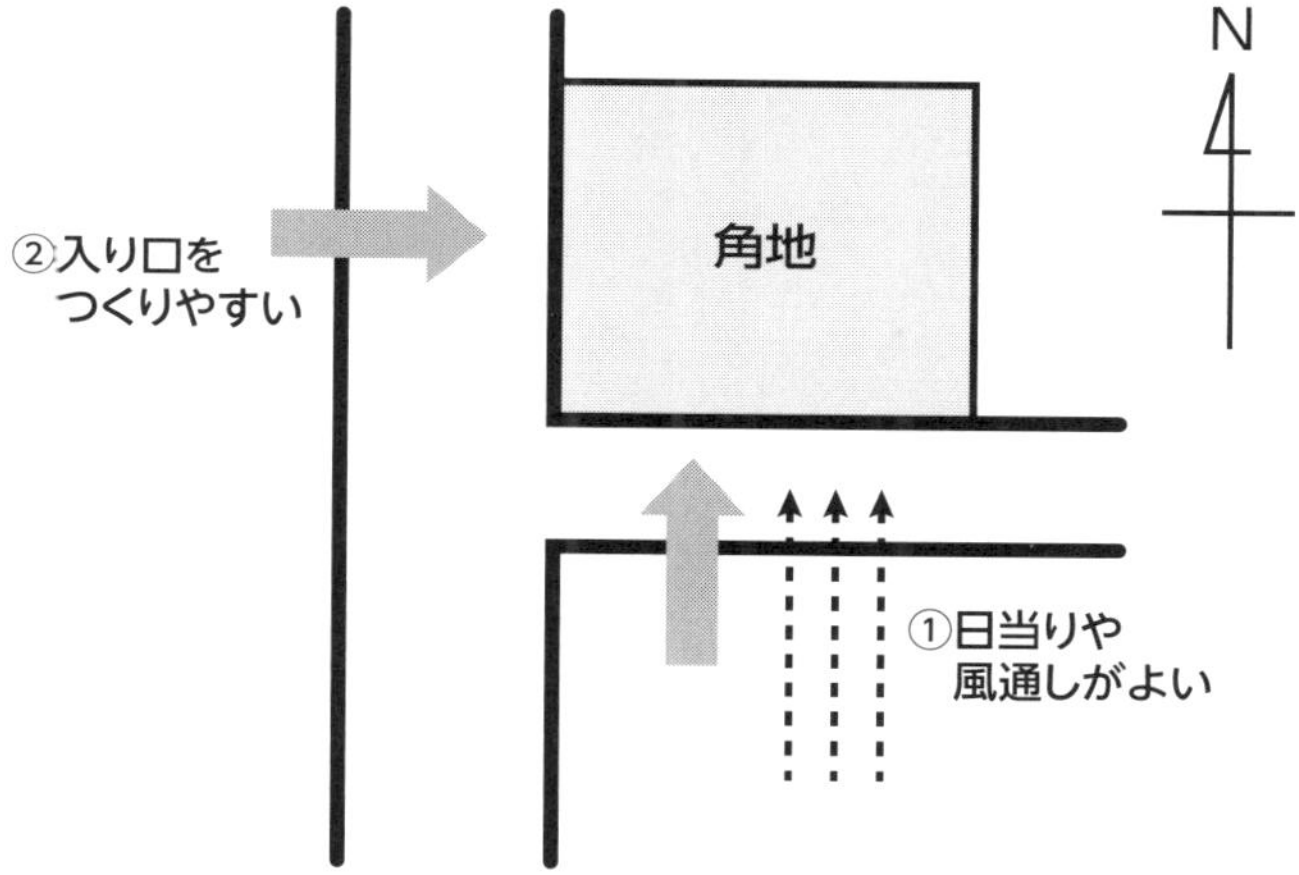

南向きの角地は、アパートやマンションの経営がうまくいかなった場合に、**戸建用地に転用する**こともできます。角地は接道面が多いので、土地を分割して、**複数の戸建を建てる**こともできます。**コインパーキングにしても出入口を設けやすい**ので、より細分化して土地を売却することができるのです。

ところが、旗竿地のような場所では、道路に接している面は1つしかないので、土地を戸建に転用することは難しくなります。

経営していると、何が起きるかわかりません。どんなに計算をして、計画を立てても、自分の思うような結果にならないこともあります。だからこそ、選択肢をつくって、不確定要素のリスクを減らす必要があるのです。南向きの角地を選ぶというのも、この選択肢を増やす方法なのです。

平成築（1989年以降）の物件をターゲットにする

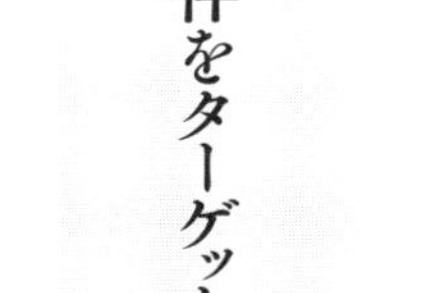

地震対策のために考えておきたいのは、**建物の耐震基準**です。

地震対策としては地震保険がありますが、地震保険は、建物の損害の評価に応じて支払われます。建物の時価を限度として保険金が100％支払われる全損は、2016年に発生した熊本地震でもなかったといわれています。

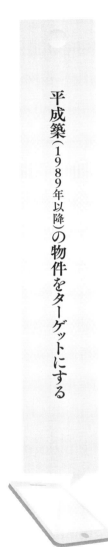

ある保険会社の評価によると、ほとんどの建物が一部損だったそうです。一部損だと時価の5％ですから、たとえば5000万円の評価がある物件であれば、250万円しか保険金がもらえないことになります。

また、共同住宅の限度額は1戸あたり5000万円です。ただし、火災保険の保険金額の50％が上限なので、**地震保険だけで建て直すことは難しい**かもしれません。

建物の評価は時価なので、経年劣化して低い評価であれば、支払われる保険金はさらに低いものになります。このため、東京都でも地震保険の加入率は55％程度だといわれています。

もちろん、地震保険に加入して、万が一に備えることはとても重要なことですが、まずはしっかりとした建物に投資をすることが大切です。


そこで重要になってくるのが、建物の耐震基準です。

１９８１年（昭和56年）６月１日に「**新耐震基準**」が施行され、これ以降に建築確認を受けた建物に新耐震基準が適用されています。

新耐震基準は「震度６強から７に達する大規模地震で倒壊や崩壊しないこと」「震度５強程度の地震でほとんど損傷しないこと」となっています。

新耐震基準は、大規模な震災が起きるたびに見直され、より新しい物件では以前のものよりも高い耐震基準の構造になっています。とくに１９９５年に発生した阪神・淡路大震災後の改正は非常に大きなものになりました。

耐震構造のレベルが高ければ高いほど、震災における被害は少ないため、コストがかからずに済むというわけです。

もちろん、価格との折り合いをつける必要もありますが、基本的には**平成築、つまり1989年以降に建築された物件に投資する**ようにしましょう。

新耐震基準が施行されてすぐの物件は、建築期間の問題から、新耐震基準を満たしていない可能性もあります。だからこそ、平成築以降の物件がよいのです。また、建物の耐震基準を満たしていると、地震保険の保険料も少なくなります。

余計なコストがかからない小規模マンションを狙う

収入を上げると同時に考えなければいけないのは、コストを極力下げることです。

コストを下げる方法にはいろいろありますが、**毎月発生する固定費を下げる**のが、最も簡単なコストの削減方法になります。

不動産投資では、購入するアパートやマンションによって、毎月かかるコストが大きく異なっています。たとえば、エレベーターがある物件では、エレベーターの保守管理費や電気代、修理代などがかかります。保守点検費は毎月かかる費用で、1基あたり3万～5万円（年間で36万～60万円）の費用がかかります。

また、メインの主要部品の交換などになると、数百万円から数千万円単位でコストがかかることになります。

毎月コストがかかるのは、エレベーターだけではありません。給水施設にもコストがかかります。

アパートやマンションの給水の仕組みには、大きく**受水槽式**と**直結増圧式**の2つがあります。

受水槽式は水道管から給水した水をいったん受水槽に溜めて、その後で給水ポンプによって各部屋に給水する仕組みです。各部屋に給水するために電気代もかかりますし、受水槽の清掃や水質検査などが義務づけられているので、年間の維持費用は10万円くらいかかることになります。

アパートやマンションの給水設備

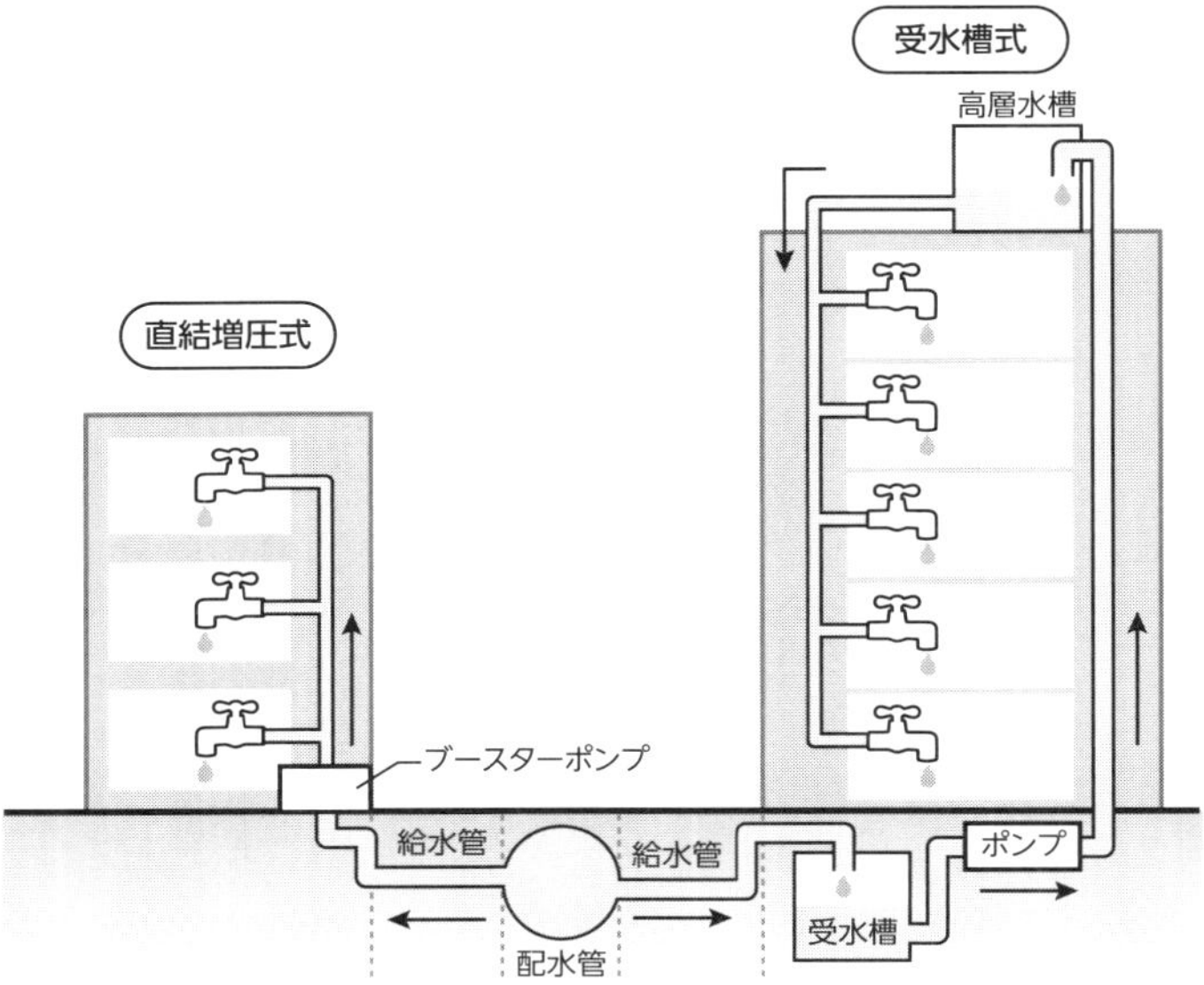

　また、給水ポンプなどが壊れたら、エレベーターと同じように数百万円単位の修理費用がかかります。

　直結増圧式は、水道管から直接、各部屋に給水をする仕組みです。水道管の中の水圧によって、各部屋に配水を行なうので、受水槽式のように電気代はかかりませんし、停電などの災害時でも水を供給することができます。もちろん、受水槽もないので、清掃や水質検査の費用もかかりません。

コスト面から考えると、直結

増圧式のほうがいいのですが、10階以上のマンションでは、水圧で水を供給することができないので、受水槽式にせざるをえません。

僕は毎月かかるコストを考えて、**小規模マンションと呼ばれる部屋数が少ないマンションをたくさん持つようにしています。**

小規模マンションでは、高くても4階なので、エレベーターをつけなくてもかまいません。エレベーターがないと、毎月の維持コストを下げることができます。

また、給水システムについて、僕が所有している2棟は購入当初、受水槽式でした。しかし、コストを下げるために100万円ほどかけて直結増圧式に変えました。敷地内にあった受水槽とポンプを取り払って、余ったスペースをバイクの駐車場に利用しています。

受水槽やポンプがあって**「コストがかかる場所」を「収入を得る場所」に変えた**のです。

このように、物件を購入したら、毎月出るコストが決まってしまうので、購入する前に、どのようなコストが発生するのかをきちんと確認しておきましょう。

街並みを見ながらブラブラすると賃貸経営のヒントが見えてくる

生産性を向上させるには「どこに力を注ぐか見極めること」が基本です。その際、何気ない風景に因果関係を見極めるということが非常に大切になってきます。
どうやって見極めるかというと、**ブラブラと街並みを見る**ことです。

経営分析で、同業他社がどのような戦略で利益を得ているのか分析する方法があります。賃貸経営では、投資をしようとする街そのものを分析することが経営分析につながります。たとえば、街を歩いていると、急に20坪くらいの小さな土地に、小さな3階建の戸建が密接して建っていることがあります。そういうのを見ると、この土地はもともと1つだったのをいくつかに分割して、分譲していることに気がつきます。

また、アパートが建っていた敷地がコインパーキングに変わるとか、カーリースのシェアリングサービスの駐車場に変化しているといった、土地の活用例を学ぶことができるのです。

街歩き自体が賃貸経営のマーケットのニーズをつかむのに適しています。

「最近は、バイクの駐車場が増えたな」など、**街を歩きながらマーケットの変化に気づく**ことが大切です。

僕はそうした土地活用の事例を見ると、カーリースの会社にすぐに電話をして、自分の物件の空いている駐車場を活用してもらうように交渉します。そうやって生産性を向上させていきます。

買い付けには物件の相場観が役に立つ

物件の選定では、数をこなすことが重要になってきます。そのため、だいたいの**土地の相場観を身につけておく**と便利です。

相場がわかると、ざっくりと選別して、投資に値するものだけを計算式で分析することができます。

僕が得意としている城東エリアでは、坪単価が100万〜150万円くらいです。たとえば、50坪で6000万円の平成築の物件が出ていた場合、土地の坪単価を100万円として、50坪×100万円＝5000万円が相場になります。売価が6000万円であれば、5000万円は土地の価格で、1000万円は建物代ということがざっくりわかります。

僕は**建物の価格は、土地の3割程度**と考えているので、5000万円×30％＝1500万円が相場です。つまり、建物が安いので、この物件は割安だと判断することができます。こうすると、物件の選定も早くなりますし、買い付けのスピードも格段に早くなります。**ほかの不動産投資家に先んじて、収益力のある物件を手に入れることができる**のです。

実際、7棟目の物件は、割安かどうかを頭で計算し、写真を見て瞬時に買い付けを入れました。

間取りは入居者目線で正しくチェックする

物件をチェックするときに忘れてはいけないのが、**間取り**です。とくにファミリー層の２ＤＫ、２ＬＤＫの間取りは流行《はや》り廃りがあるので、注意が必要です。あまりに時代遅れな間取りの物件を選ぶと、空室が埋まらない状態になってしまいます。

ファミリー層をターゲットにするのであれば、**室内の洗濯機置き場**はとても重要です。ちょっと古い物件になると、ベランダに洗濯機置き場がありますが、これだとなかなか選ばれにくいと思います。

そもそも外で洗濯をするのはとても寒いですし、雨の日なんて目も当てられません。また、外に洗濯機を出しておくことで故障の原因にもなってしまいます。洗濯物を干しているところを見られてしまったりもするので、人気がありません。

Googleマップを見て周辺環境を調査する

物件の絞り込みができたら、いよいよ現地調査です。ここでスマートフォンを取り出してみましょう。

楽待のサイト

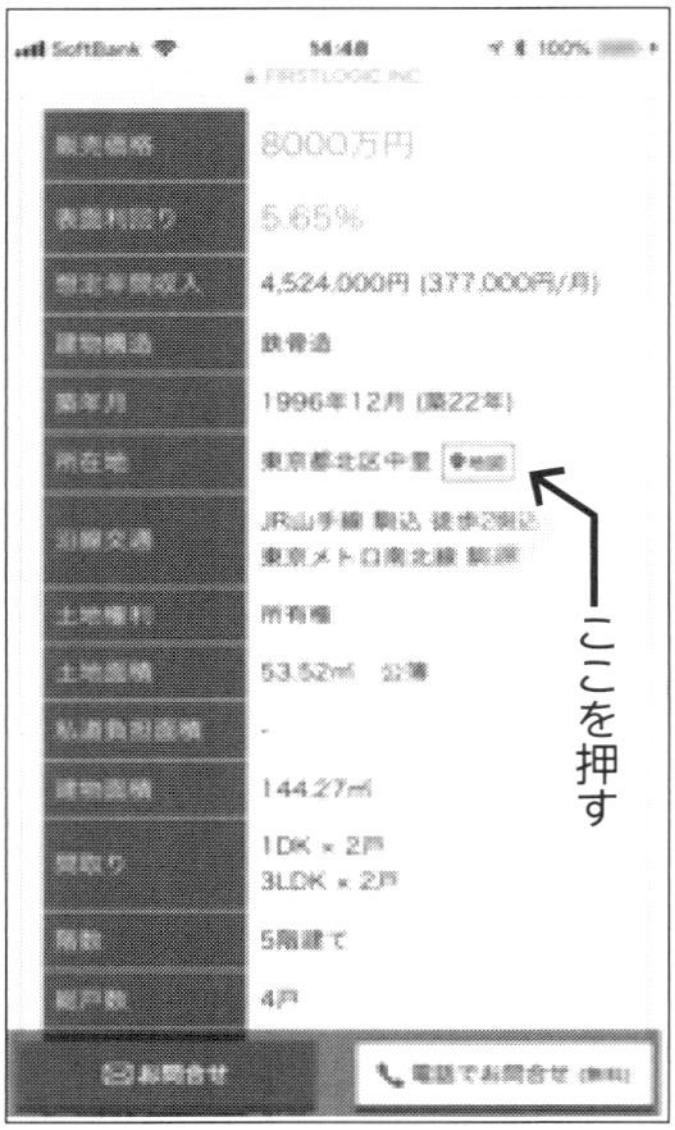

まず実際の調査に行く前に、Googleマップのストリートビューで現地調査のシミュレーションを行なっておくといいでしょう。

不動産会社がホームページなどに掲載しているマイソクや物件概要書を見れば、物件のだいたいの住所がわかります。その住所で検索して、物件周辺

ストリートビューでチェック

Google マップへ飛べる

の住環境を見ます。

楽待（http://www.rakumachi.jp/）などの物件検索サイトでは、物件概要の住所欄からGoogleマップに直接アクセスすることができます。

第一に調べたいのは、物件の**敷地の接道状況**です。

ストリートビューの写真は、原則としてストリートビューカーという自動車によって撮影が行なわれています。狭い道路では自転車や徒歩で撮影するケースもあるようですが、それが行なわれているのは主要都市部だけです。東京の城東北部などの小さな道は、ストリートビューでアクセスすることができません。つまり、道が狭いということで、接道状況が悪いことがわかります。

Ｇｏｏｇｌｅマップのストリートビューで見て、敷地の前面道路があまりに狭い場合は、再検討したいところです。

地形については、物件概要に添付されている図面を見るとともに、Ｇｏｏｇｌｅマップでも地形を確認します。地図を拡大したり、ストリートビューで見たりすると、実際の地形をだいたい把握することができます。

また、物件に**駐車場があるかどうかも確認**をしておきましょう。

駐車場があれば、貴重な収入源となりますし、駐車場がない場合でも活用されていないスペースがないか見ておくことが大切です。

物件の周辺に生活に便利な施設はあるか？

次にＧｏｏｇｌｅマップに戻って、物件の周辺にコンビニエンスストアやドラッグスト

航空写真で地形も確認

駅からの距離もチェック

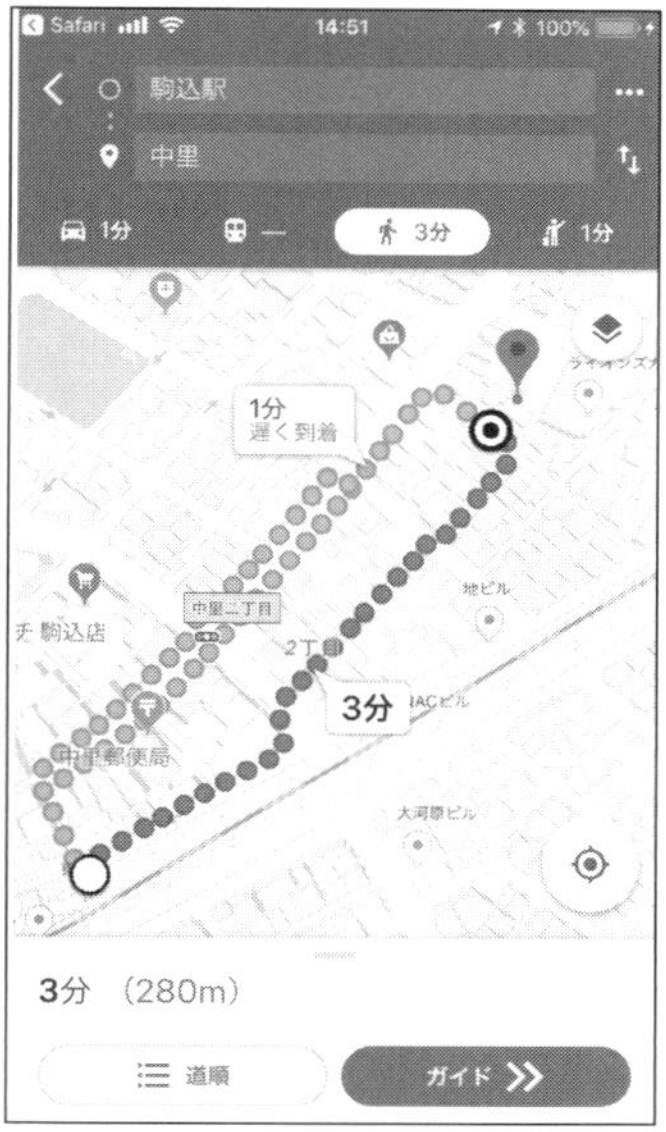

ア、公園や病院などがあるかを調べてみましょう。

駅からの距離も簡単にわかります。「ルート・経路」をクリックすれば、徒歩で最も早く着くルートの概算時間が算出されます。

そのルート沿いにどのくらいの店舗があるのかをチェックしておきましょう。駅から帰ってくるときに、スーパーやドラッグストア、コンビニエンスストアがあるか、**実際に自分が家族連れで住んだ場合を想定しながらチェックする**といいでしょう。

「スーパーがこんなところにあるのか、便利だな」「いざとなったら、この病院に来ればいい」「休日にこの公園で子どもと遊んだら楽しそうだな」など、地図とストリートビューを見比べながら、住環境の分析をします。

Googleマップは平面図なので、高低差のイメージが伝わりません。**「谷」とか「山」とか「溜池」などがついている地名では、土地に高低差がある可能性があります。**ストリートビューをよく見て、これから購入しようとする土地に高低差などがないかを正しく把握しておきましょう。

なお、**Goo地図**（https://map.goo.ne.jp/map/）では、1947年に米軍が撮影した航空写真があります。宅地開発される前の地図なので、地形が一目でわかるようになっています。東京23区限定ですが、もともとどのような場所だったのかを理解するためにも、一度、見ておくといいでしょう。

Ｇｏｏｇｌｅマップで嫌悪施設がないかどうか調べる

さらに、Ｇｏｏｇｌｅマップで物件の周辺に**嫌悪施設がないかを調べましょう。**嫌悪施設とは、周囲の人から嫌われる施設のことを指す不動産用語です。たとえば、次のようなものが嫌悪施設として挙げられます。

①風俗店やラブホテルなど住宅地としての品格を下げる施設、②騒音、大気汚染、土壌汚染、悪臭、地盤沈下などを引き起こす公害発生施設、③不快感や嫌悪感を与える施設（原子力関連施設、廃棄物処理場、下水処理場、火葬場、葬儀場、軍事基地、刑務所、ガスタンク、火薬類貯蔵施設、墓地など）があります。

商業地域や工業地域といった用途地域では、嫌悪施設が建築される可能性があります。とはいえ、すべての用途地域にそうした嫌悪施設が建築されるわけではないので、**地図でよく確認しておきましょう。**土地勘があれば、どのような場所に嫌悪施設が建てられるかもある程度は理解できるはずです。

ちなみに、僕が投資している城東地区では、お寺が多く、それに伴ってお墓が多くあります。駅に近くても、お墓が普通にあったりするので、地図上での確認は外せません。

市町村ホームページでハザードマップ、都市計画などを調べる

市町村のホームページには、自然災害が発生したときの危険度を知らせる**ハザードマップ**を掲載しています。自然災害によって大切な資産を失わないためにも、購入する物件がどのような場所にあるか、災害のリスクはないのかを調べてみる必要があります。
たとえば、東京であれば、東京都都市整備局が出している「**地震に関する地域危険度測定調査**」(http://www.toshiseibi.metro.tokyo.jp/bosai/chousa_6/home.htm) があります。

この調査では、建物が倒壊する危険度や火災が発生したときに延焼する危険性、道路が狭いなどで災害時にスムーズな救援活動ができないなどの問題が色分けされており、一目でわかるようになっています。心配であれば、こうしたマップを参考にしながら、リスクに対処するのもいいと思います。

地震に関する地域危険度測定調査

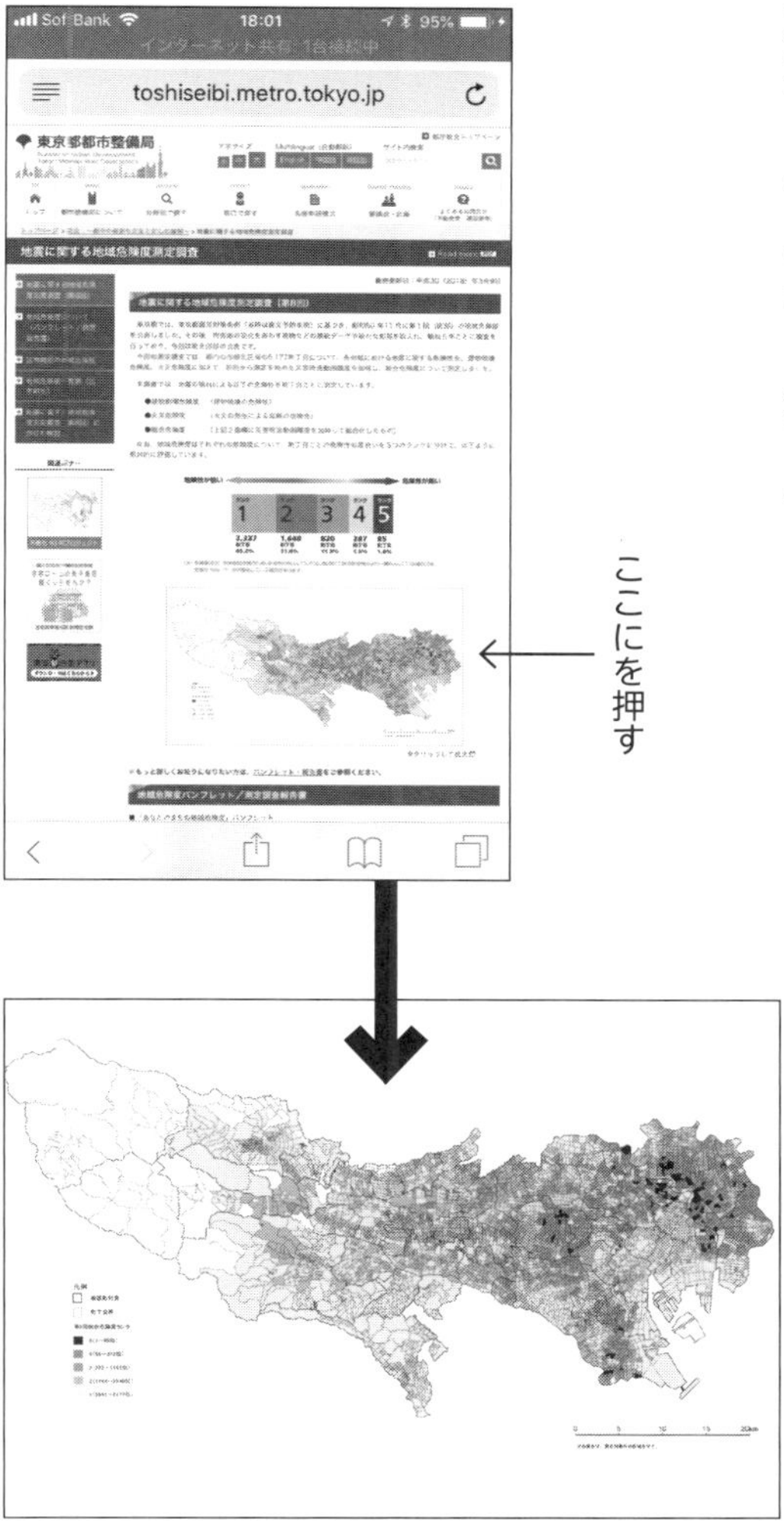

ハザードマップが見られる

ストリートビューで競合他社を調べる

Ｇｏｏｇｌｅマップのストリートビューで、**競合他社の物件がどのくらいあるのかを事前に調べておく**のもポイントです。

土地勘はあっても、実際にその場所に物件を購入し、賃貸経営をしてみなければわからないこともたくさんあるでしょう。そこで、自分と似たような規模の物件がないかをストリートビューで確認しておき、管理を行なっている不動産会社に、**空室があるかどうか問い合わせてみる**のもいいでしょう。

その際に、**家賃相場を聞くのを忘れないように**しましょう。その家賃相場が、自分の物件の家賃を決めるときの基準になります。

現地調査はグーグルで調べたことを確認する

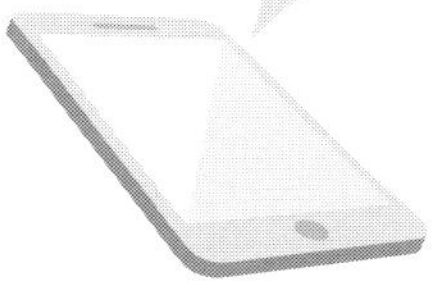

現地調査は、基本的にグーグルで調べたことを確認する時間に充てます。

自宅から5㎞圏内の物件を見に行くので、何度も足を運ぶことができるはずです。**時間を変えて物件を細かく見て、問題がないかチェック**をしましょう。

とくに注意すべきは、**建物の土台、廊下の天井部分、付帯設備**などです。土台にひび割れなどが入っていないかを見ます。ひび割れがあると、物件の構造に問題がある可能性があります。

物件の概要書に添付されている**写真やストリートビューではわからない部分について、現地調査で念入りにチェック**をするのです。

現地調査では、やはり実際の現場ですから、いろいろなことがわかります。

たとえば、物件の図面で見たときには整形地だったのに、実際に行って見ると、不整形地だったりすることもあります。前面道路とは変な形でくっついていて、資産価値が低くなっているものもあります。

建物の外壁や階段が築年数の割にボロボロだったり、ベランダをゴミで満杯にしている入居者が見つかるかもしれません。

一方で、庭はほとんどないと思ったのに、コインパーキングに転用できそうな一角が見つかったり、自動販売機を置けるスペースが見つかったりすることもあります。そうした**収入にプラスになるような箇所もきちんと見ておく**ことが大事です。

部屋に入ったら、**雨漏りのチェック**などを行ないます。天井に雨漏りの跡などが残っていると、臭いの原因にもなりますし、構造に欠陥があることもあるのです。

キッチンなどの水回りについては、あまり細かく見ることはありません。というのも、クリーニングでなんとでもなるからです。システムキッチンはそんなに高くないので、痛んでいたら交換するという手もあります。

現地調査が終わって、納得できる物件に出合えたら、買い付けを入れて購入をします。

コラム

毎年20万人の外国人が流入！居住に困る外国人入居者を狙え

今、住宅に新しい需要が生まれている！

人口減社会の日本で注目されているのが、外国人労働者の活躍です。現在、日本には年間約20万人の外国人留学生が留学しており、そのほとんどが学費を稼ぐ名目で労働に従事しているといわれています。

東京23区の中でも、とくに外国人が多いといわれる新宿区では、居住している20代のほとんどが外国人であるなど、賃貸需要として外国人の割合が高くなっているエリアも増えてきています。

逆張り志向の大家さんの中には、賃貸需要の旺盛な外国人をターゲットにして、賃貸経営を行なっている人もいます。

しかし、文化や価値観の違いから、ゴミ出しなどの共同生活のルールを守れない外国人も多く、物件の資産価値が落ちるといった話も出ています。

外国人の入居者と仲良くするにはどうすればいいでしょうか。このコラムでは、外国人をターゲットにしたいオーナー向けに情報をご紹介したいと思います。

根深い日本人の連帯保証人問題

2017年に法務省は、日本に住む外国人を対象に、住居に関するアンケート調査を行ないました。過去5年間で、日本で住居を探した2044人のうち、外国人であることや日本人の保証人がいないことを理由に入居を断られた経験がある人は、約4割に上るという結果になりました。この調査結果を受け、法務省は2020年の東京オリンピック・パラリンピックに向けて、法律的な整備を検討しているとのことです。

今回の調査で、申し込みを断られる最も大きな理由としては、外国人が連帯保証人を探すのが非常に困難であることが挙げられています。とくに、日本人の連帯保証人がいないことを理由に入居を断られたという外国人が多かったのです。

そもそも、外国人の親族は外国に住んでいるケースが多いので、なかなか連帯保証人を見つけることができません。また、外国人が連帯保証人を探すときには、保証人が日本人であるだけでなく、一定の収入があることが求められます。

しかし、最近では外国人向けの賃貸保証会社も増えてきています。

外国人向け賃貸保証会社が充実し始めた

保証会社の中には、オーナー向けのサービスが充実しているところもあります。

家賃保証は当然のこととして、訴訟に発展した場合、弁護士費用も保証してくれるだけでなく、残置物処理まですべて対応してくれます。

　また、入居後もゴミの出し方や共用部分の使い方などを注意してくれる家賃保証会社もあります。

　学生向け不動産会社の中には、留学生を対象とした賃貸サービスを展開するところも増え、今後は外国人の入居者をターゲットにした事業が増えていきそうです。

　2020年には、改正民法が施行され、個人の連帯保証人の保護が強化されます。オーナーは契約書の書き換えなど、連帯保証人のために、多くの対策を考えなければなりません。このため、個人の連帯保証人を利用するオーナーが減り、賃貸保証会社を利用する人が増えるともいわれています。

　連帯保証人を取らずに、賃貸保証会社を利用するオーナーが増えれば、外国人の入居者を受け入れる物件も増加するかもしれません。

アジア系留学生がターゲットに⁉

ほんの十数年前には、文化や価値観の違いがある外国人を入居させたために、物件の資産価値が大きく損なわれたという話をよく聞きましたが、最近では来日する前に、日本の住宅事情を学んでくる外国人が増えているため、外国人の入居者を受け入れている物件でもほとんど問題は起こらなくなってきました。

とくに、経済成長が目覚ましい中国人の留学生は、親の所得も高いため、仕送りも多く、ほとんど日本人と変わらない生活を送っている人もいます。もちろん、日本の住居に関するルールも熟知しています。

ただし、日本に留学する中国人は年々減ってきているようで、優良な入居者を探すのはなかなか難しいかもしれません。

一方、最近、優良な入居者として注目されているのがベトナム人留学生です。

ベトナム人は、真面目で素直な人が多く、共同生活も問題なく送ることができ、ルールもきちんと守るので、トラブルも少ないといいます。部屋も清潔に使ってくれるため、オーナーからの人気も高いのです。

実は、最近、中国人留学生に変わって、飲食店の現場でも注目を集めているのがベトナム人留学生です。彼らの特徴として、コツコツ仕事をする人が多く、日本人と似ているところがあります。また、独自のネットワークを活用して、友人・知人を紹介することもあり、重宝されているそうです。

ある居酒屋チェーン店では、働いているアルバイトの半数はベトナム人留学生で、都内の店では時間帯によって、店長以外全員ベトナム人になるという店もあるほど。多くのベトナム人留学生は都内や都市近郊に住んでおり、そこから通っていますが、部屋探しにはいつも苦労しているといいます。こうした需要を取り込むことができれば、賃貸経営も安定するはずです。

第3章

入居者の集め方

スマホで集客の「仕組み」をつくる

集客や収益管理をデータで一元化することで管理を省力化する

すでに物件を購入するプロセスで、入居希望者のターゲットも絞り込み、入居者のニーズを満たす物件を用意できていると思います。

次は、実際に賃貸経営に必要なプロセスを「**仕組み化**」することに挑戦してみましょう。

一般的なビジネスで考えると、お金を得るには、次のような流れになります。

①「悩みやニーズを持っているお客様を集める」→②「お客様の悩みやニーズを解決する商品やサービスを提供する」→③「商品やサービスを販売した代金を回収する」→①に戻って、さらなる新規の顧客を集客していきます。

このように延々とサイクルを回し続けていかなければなりません。

お金を得るためのサイクル

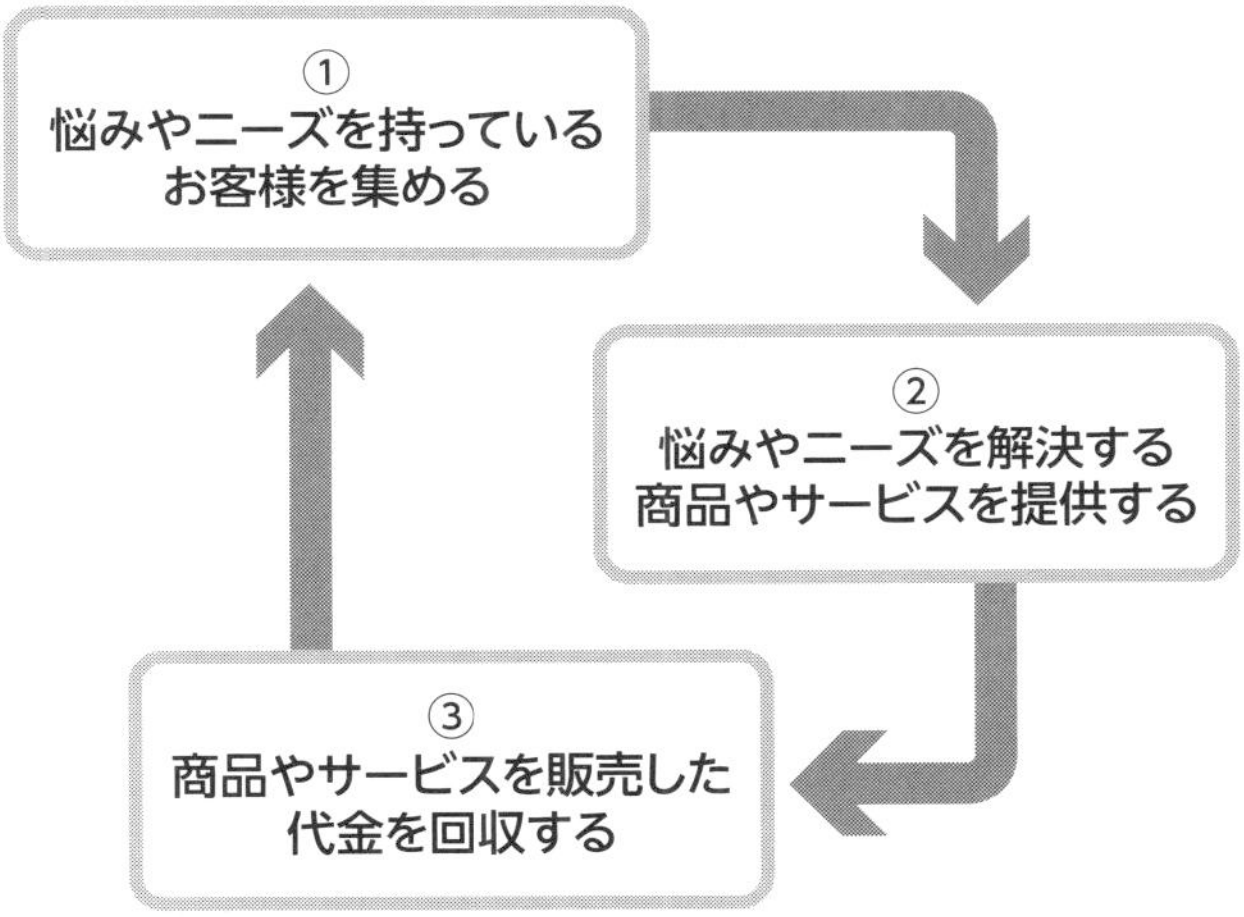

この3つの流れを不動産投資に当てはめると、次のようになるでしょう。

①に相当する部分が「**入居者を集める集客、入居付け**」になります。普通のビジネスでいえば、会社に利益をもたらしてくれる営業部門です。優秀な営業部門なら、より多くのお客様を開拓してくれます。

②に相当する部分が「**建物の管理**」になります。物件を提供して、入居者が住みやすいように建物の清掃をしたり、問題がある部分を修繕したり、退去者が出れば、部屋をリフォームしたりします。普通のビジネスでいえば、製造部門です。低コストで品質管理を徹底していけば、

不動産投資のサイクル

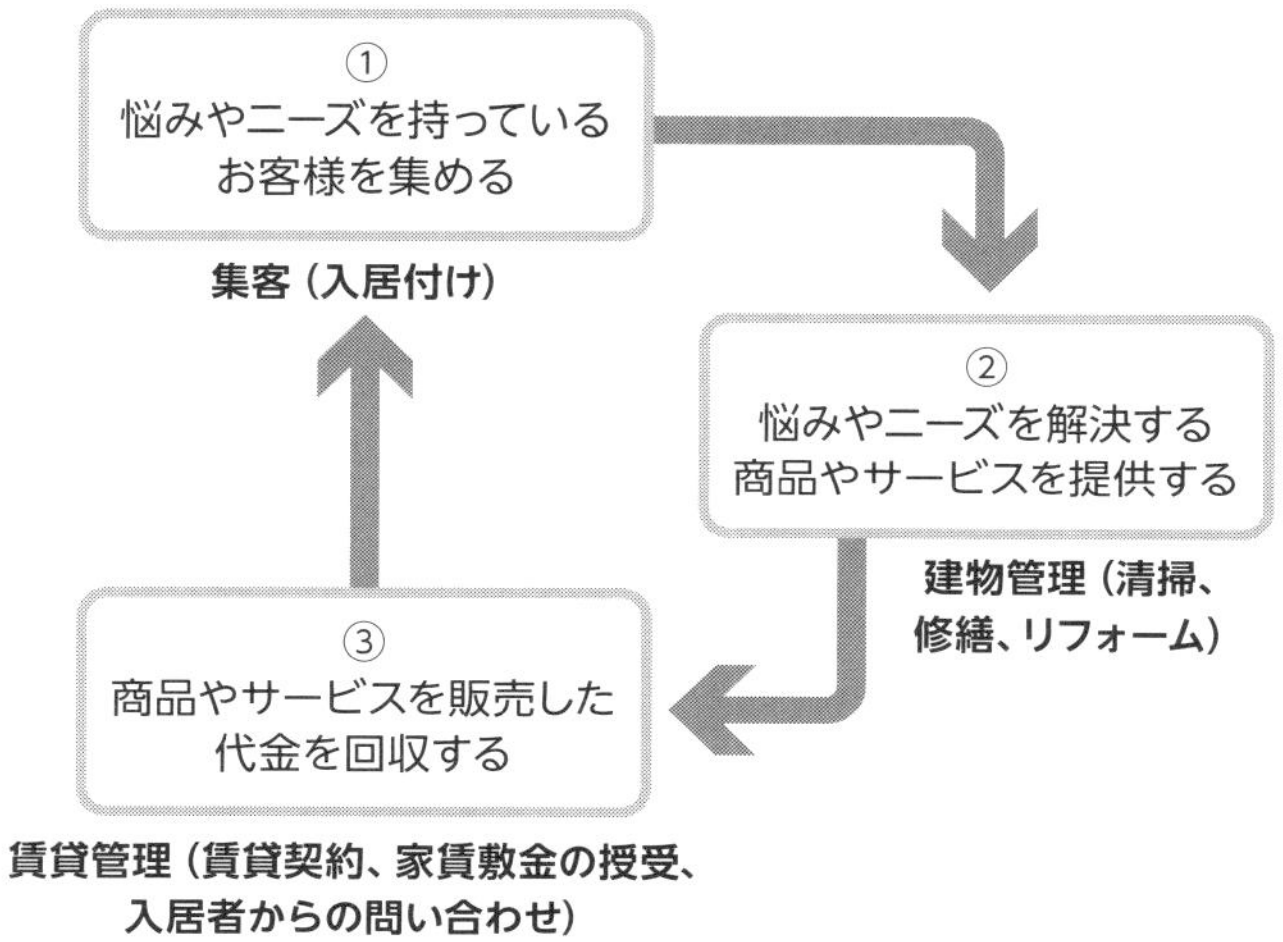

会社に多くの収益を残すことができます。

③に相当する部分は「**賃貸の管理**」です。賃貸契約を結んだり、契約を更新したり、家賃や敷金を銀行に振り込んでもらい、それをチェックするなどの業務があります。家賃が遅れている人に催促をすることもあります。普通のビジネスでいえば、経理部門や管理部門です。その部門自体が収益を生むことはありませんが、お金を管理する部門がなければ、ビジネスは成り立ちません。

この**3つの流れをスマートフォン1台でコントロール**できれば、本業を持ちながら、自主管理で賃貸経営ができるはずです。僕は実際にこの3つのサイクルをスマホで回すことができました。

スマホ1台でできた一番の理由は、**グーグルによる検索**でした。何を検索したかというと、それぞれの業務を担ってくれる会社についてです。

この会社だったら仕事を任せられると思ったら、連絡していきました。業務の範囲や料金などを確認し、パートナーとして一緒にやっていけると判断したら、仕事をお願いするようにします。あとは、その会社の担当者にメールで指示をするだけで、3つのサイクルが自動的に回るようになり、1日30分で賃貸経営を行なっていくことができたのです。

自主管理といっても、なにもすべてを自分でするわけではありません。それぞれの**専門のプロにお任せすればいい**のです。自分はそのプロを見つけて、仕事を依頼するだけの話です。

実際に、不動産会社に管理を委託した場合でも、その不動産会社は僕と同じようなことをしているだけなのです。

実践してみるとわかりますが、それぞれのプロに任せたら、オーナーとしてやることはほとんどありません。不動産会社はただ仕事を割り振っているだけなのに、家賃の5〜10

%の管理料を取っていきます。さらに、仕事を割り振っている業者からバックマージンを取ったりすることもあります。そうすると、そのぶん、業者はサービスの質を下げざるをえなくなり、最終的にオーナーが損をするかたちになっているのです。

ところが、自分で仕事をプロに依頼すれば、**コストを軽減できるだけでなく、質の高いサービスも享受できます。**仕事ができる会社を自分で探して発注できるからです。そうすれば、オーナーも入居者も満足な結果が得られます。

これが自主管理をみなさんにオススメする理由です。

客付け力がある不動産会社のメールをリスト化する

前述したように、①の入居付けは、会社の収益を左右する営業部門と同じです。優秀な営業部門を持っていれば、多くのお客様をつれてきて満室にすることができます。

不動産会社には集客だけを専門に行なっている会社があります。その多くは、投資エリアの賃貸物件の入居需要を知り尽くしているベテラン会社です。どのエリアでどんな需要があるのか、どのエリアでは需要が低いのかなど、すべてを把握しています。

こうした集客専門の不動産会社に、不動産管理会社が依頼して入居者募集をしているのです。これと同じように、オーナーも集客してくれる不動産会社に依頼をすればいいわけです。

では、集客をしてくれる不動産会社をどのようにして見つければいいのでしょうか？

実はとても簡単です。

インターネットで探せばいいのです。

こういうと、「インターネットで探しても、まともに集客してくれる不動産会社なんてないんじゃないの？　1軒1軒、探したほうがいいのでは？」と思われるかもしれません。

しかし、それは極めて非効率です。

僕がインターネットで集客してくれる会社を探しているのには、大きく分けて2つの理由があります。

1つは、実際に**費用対効果が高い**からです。

最初は僕も1軒1軒、不動産会社を回って集客を依頼していました。しかし、丁寧に挨拶をしたとしても、その会社が絶対に集客してくれるという保証はありません。実際に集客をお願いしても、ほとんどの不動産会社が対応してくれないので、非常に効率が悪いことがわかりました。

そこで、インターネットで不動産会社を検索して、空室が出るたびにメールで依頼したところ、意外と反応がよく、これだったらメールで依頼するほうが時間もかからずに楽だと考えたのです。

もう1つは、**集客のプロセスを簡略化する**ためです。

本業を持っていると、賃貸経営に費やす時間はほとんどありません。対面したり電話で依頼しなければ集客をしてくれないような不動産会社は、本業があるサラリーマンには合いません。それでは、せっかくの集客のチャンスを逃してしまう可能性もあります。

これが、基本的にメールで対応してくれる不動産会社ならば、どうでしょうか。退去の知らせが入ったら、昼休みや休憩時間にメールで対応することができます。貴重な時間を有効活用することができるのです。

だからこそ、ホームページを持っていて、かつメールでやりとりができるところを選んでいます。**自分に合った不動産会社を選ぶ**ことも、時間が限られた中で効率的な賃貸経営を行なうためには大切なことなのです。

不動産会社はグーグルで探す

では、集客してくれる不動産会社をどのように探せばよいのでしょうか？

僕の場合は、集客専門の会社をグーグルで探し、コツコツとメールで問い合わせをしていきました。たとえば、次のような検索キーワードで不動産会社を調べると、たくさん候補が出てくるはずです。


「〇〇区（投資対象エリア）　不動産　仲介会社」

不動産会社の一覧

グーグルで検索

実際に検索をしてみると、**ホームズ**(https://www.homes.co.jp/chintai/)や**スーモ**(https://suumo.jp/)といった「**賃貸ポータルサイト**」がヒットするのではないでしょうか。賃貸ポータルサイトにアクセスすると、賃貸仲介を専門に行なっている不動産会社の一覧があります。

そこで、不動産会社のホームページにアクセスをします。ホームページにアクセスすると、問い合わせ先にメールアドレスが書かれているので、そのアドレスに集客依頼のメールを送るのです。

Googleコンタクトはパソコンでも使える

メールアドレスが見つからないときは、「入居者を探しているオーナー様募集」という項目から問い合わせてみるのもいいでしょう。

賃貸ポータルサイト以外にも、地元密着型の不動産会社をインターネットで検索できると思います。

注意したいのが、仲介を行なっている不動産会社かどうかをきちんと調べておくことです。売買専門の不動産会社に依頼しても意味がありません。

問い合わせの文面はごく簡単なものでけっこうです。たとえば、「マンションのオーナーなのですが、客付けをお願いします」と、はっきりと用件がわかる内容にしましょう。

積極的に動いてくれる会社からは、すぐに連絡が入ると思います。

メールアドレスを取得したら、そのアドレスをオンラインのアドレス帳である「**Googleコンタクト」（連絡先）**にまとめておきます。

Googleコンタクトは、オンライン上で**複数の端末と同期することができる**ので、スマートフォンから入力してもパソコンから入力しても、同期すれば、いつでもどこでも不動産会社に連絡することができます。空室が出ることがわかったら、すぐに連絡できるのです。

主要ターミナル駅の不動産会社のメールアドレスも入手する

集客をしてくれる不動産会社を探すときは、物件がある地元の不動産会社だけを当たるのではなく、**主要ターミナル駅に店舗のある不動産会社**も調べて、連絡先を集めるようにしましょう。

なぜかというと、地方から上京して部屋探しをするとき、多くの人は主要ターミナル駅周辺にある不動産屋を利用するからです。

たとえば、東京23区であれば、**新宿**、**池袋**、**渋谷**、**品川**、**東京**、**上野**、**秋葉原**などの駅周辺にある不動産屋に問い合わせをしています。僕の物件がある城東地区だと、千葉県もやや近いので、市川や松戸などの不動産会社もリストに載せています。

まず100件のリストをつくり、ゆくゆくは1000件を目指す

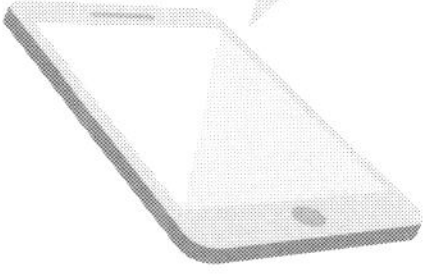

不動産会社のメールアドレスについては、まず**100件**を目指して集めてください。最初は少し大変ですが、慣れてくれば誰でも簡単にメールアドレスを集めることができます。

休日には、物件を巡回しているときに見つけた不動産会社（もしくはその看板など）をスマートフォンで撮影して、あとでホームページを調べるという方法もオススメです。

集客をしてくれる**不動産会社の数は多ければ多いほどいい**のです。

僕の場合、地元を中心にだいたい**1000件の不動産会社のリスト**を持っていますが、必ずしも地元の会社から紹介を受けるわけではありません。地元の不動産会社だけでなく、前述した秋葉原や品川といったターミナル駅周辺の不動産屋からも紹介を受けることがあるので、エリアを限定せず、リストの件数をできるだけ増やしていくことが大切です。

メールアドレスを取得したら、「集客　不動産会社」などのラベルをつけて、すぐにGoogleコンタクトに登録をしていきましょう。

メールアドレスが集まれば、実際に不動産会社に挨拶に行って集客を依頼するといった面倒なことはありません。メールを送るだけで、入居付けをしてくれるからです。

まず、スマートフォンで集客をしてくれそうな不動産会社を前述の方法で探しておきます。問い合わせメールの雛形（詳しくは127ページ）をつくっておいて、昼休みや休憩時間または終業後に、送付しておけば、1日で最低でも10件くらいは送付することができると思います。

うまくいけば、**2週間くらいで100件程度のリストができる**はずです。

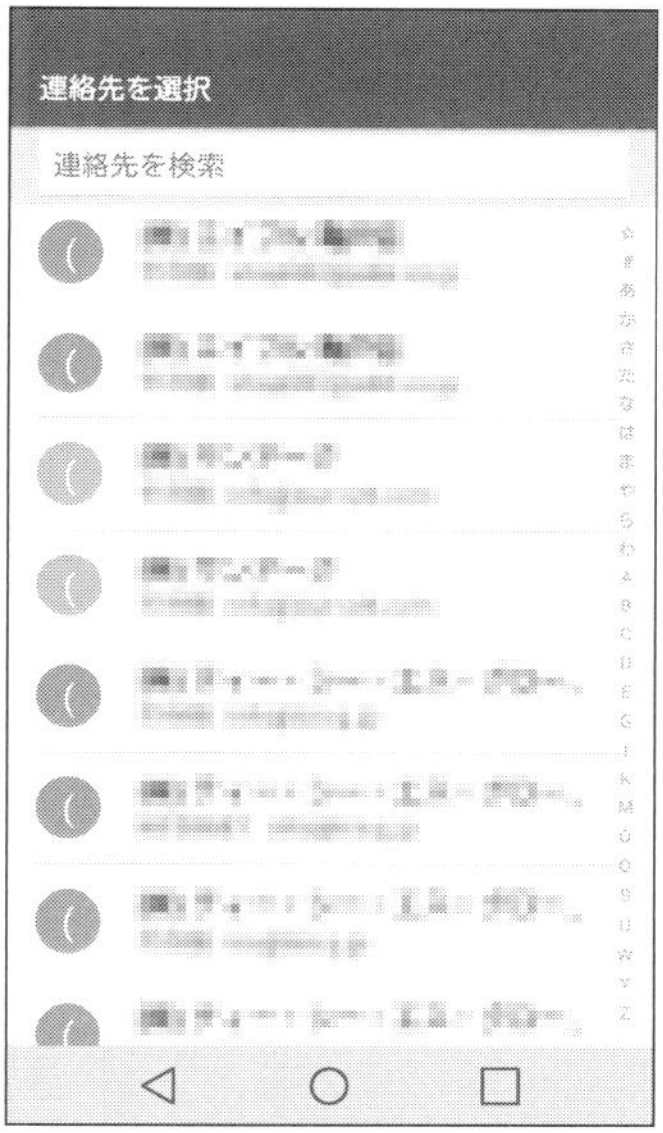

Googleコンタクトから送信先を選ぶ

　空室が出たら、集客依頼のメールを送信しますが、僕の経験では、実際に集客してくれるのは、**1000件メールを送って20〜30件ぐらい**です。確率としては2〜3%になります。100件だと2〜3件です。

　僕が投資している東京23区エリアで、これくらいの確率ですから、**最終的には1000件**を目指してください。


　なお、東京都以外の地方都市の場合は、不動産会社が1000軒もないかもしれません。それでも、まずは**100件のリスト完成**を目指しましょう。

　城東地区で1000件の不動産会社を登録すると、自分の投資エリアである自宅から5km圏内の不動産会社は、ほぼ網羅したような状態になっています。

不動産会社のメールは募集のたびにブラッシュアップする

メールアドレスは、基本的に不動産会社の担当者のアドレスを登録していきますが、不動産会社は入れ替わりが激しい業界です。担当者が辞めてしまうことがよくあるので、Ｇｏｏｇｌｅコンタクトには、**会社のメールアドレスと担当者のメールアドレスの２つを登録**しておきましょう。

メールを送信するときは、**担当者のメールアドレスに連絡します**。万が一、担当者が辞めてしまって、エラーメッセージが返ってきたら、会社のメールアドレスに連絡するような仕組みにしておきましょう。

こうすれば、入居者募集時に連絡できないという事態を避けることができます。

その後、不動産会社から返信メールが届くことがあるので、その際、**担当者を登録する**ようにしておきましょう。

募集用のメールの雛形をあらかじめつくっておく

集客のための作業をさらに効率化するために、募集用のメールの雛形をつくっておきましょう。

文面には、次のようなものがあればいいでしょう。

①退去日（いつから退去が発生するのか？）

②入居可能日（いつから入居が可能なのか？）

③インセンティブ（集客を行なうと、どのくらいの報酬になるか？）

④物件概要（住所、場所、構造、賃料、ペット可などの情報）

⑤成約しやすい条件

⑥連絡先（連絡が取れる時間など）

ＤＫと洋室（フローリング調ＣＦ）と和室
南側にベランダ（日当たり良好です！）
コーナー出窓
天井まである収納力たっぷりの広いクローゼットあり
エアコン　１台
バス、トイレ別
室内洗濯機置き場
大きな下駄箱
インターホン
自転車置き場
ＮＴＴ光ファイバー（ＮＴＴ光配線方式ＮＧＮフレッツ設備設置済）
雨でも濡れない、広々建物内階段。

民泊、外国籍の方、高齢者、生活保護の方、事務所使用、ＳＯＨＯ、法人借り上げ社宅、ルームシェア、短期貸しなどでも条件が合えば、基本的にＯＫです。
（連帯保証人のみ応相談。貴社指定の保証会社での対応可です）

ご契約いただいた場合は、賃料の１カ月分を広告費としてお支払いさせていただきます。
その後の契約更新などもお願いしたいと思います。
鍵交換、保険などについては貴社の指定業者で進めていただいてＯＫです。ただし、入居者負担としてください。

ちょっとした条件交渉などがございましたら、極力即答いたしますので、ご遠慮なく連絡くださいませ。
柔軟に対応させていただきます！

ぜひ、お客さまにご紹介いただきますよう、よろしくおねがいいたします！！

最後までお読みいただき、ありがとうございました！

080　○○○○　○○○○
（24時間365日対応ＯＫです。お気軽にお問い合わせくださいませ！）

メールの雛形の例

○○○○　301号（南西角部屋）が空きます。
毎度お手数ではございますが、一般媒介にて募集のほどお願いできますでしょうか？
退去日：3月25日
入居可能予定日：　4月10日
ご契約いただいた場合は、**賃料の1カ月分を広告費**としてお支払いさせていただきます。
その後の更新なども、お願いしたいと思っております。
物件名：　○○○○
住所：　東京都○○○○

○○駅　徒歩10分
○○駅　徒歩8分
○○駅　徒歩14分
　3駅　利用可能！

構造：　堅牢な重量鉄骨造4階建て、新耐震基準対応済み
外観はタイル張り
平成3年1月築

3階の301号室　南西角部屋　（間取り添付参照ください）
賃料　89,000円　管理費　5,000円　合計　94,000円

インターネット、ホームページ、情報誌などの掲載すべてOKです。

敷金　1カ月、礼金ゼロ
（敷金ゼロ、礼金ゼロで、メインテナンス費用として、家賃1カ月分償却、返金なしでご対応いただいてもOKです）

ペットはご相談させていただきます。犬、ネコなど、小型1匹まで（多頭飼いなどもご相談くださいませ）。
ペットも入居の場合、条件変更となり、礼金1カ月、敷金2カ月（1カ月は償却）とさせていただきます。

広めの2DK　（約43平米）
西側に大きな2つの出窓が特徴の、明るく風通しの良い部屋です。
トイレ（ウォームレット付）、お風呂などの水回りが完全に別室になっており、住みやすいです。

メールの雛形をつくっておけば、通勤時間や休み時間などに募集メールを簡単に作成してスマートフォンで送付することができます。

メールの雛形は、マイソクのようにつくり込む必要はまったくありません。テキストベースでつくっておけばいいと思います。

情報をどのように組み合わせて、入居希望者の心に刺さるような表現にするかは、集客を担当する不動産会社の仕事です。オーナーの仕事は、あくまでも**集客をするために必要な情報の要素を提供するだけ**です。特別なことは一切せずに、そのまま文字で打ったもの、箇条書きのものを送ります。テキストベースでの情報をあらかじめつくっておけばいいだけなので、こちらも作成に時間がかかりません。

また、メールの最後の連絡先の欄には、**連絡先**と**連絡が取れる時間**などを書いておきましょう。僕の場合は「24時間365日、些細なことでもなんでも相談ください。臨機応変に対応します」と書いています。

本業が忙しくてなかなか電話対応ができないときは、24時間365日メールで対応します、などでもいいと思います。

不動産会社からの相談で多いのは**価格交渉**なのですが、ハッキリ書かなくても「相談ができます」と伝えれば、その場で入居希望者と交渉して決めてくれるケースもあります。

いずれにしろ、入居者募集は時間との勝負なので、いつでも対応できる体制を整えておくことが空室を減らすことにつながっていきます。

部屋のセールスポイントを入れる

メールの雛形の④物件概要に、**部屋のセールスポイントを入れておく**と、不動産会社の担当者が注目してくれるので、確実に入れておきましょう。

実際に、彼らがマイソクを作成するときに、そのセールスポイントをキャッチコピーにしたりするのです。

たとえば、僕の物件であれば、次のようなセールスポイントを挙げます。

「角部屋で2部屋に分かれており、使いやすい」
「お風呂とトイレ別」
「1981年以降の物件なので耐震基準を満たしている」

自分が便利だと思うようなことを箇条書きで入れていきます。

あくまでも不動産会社に送付するための情報なので、文面にこだわる必要はまったくありません。魅力を列挙するだけでいいのです。

部屋の設備だけではなくて、物件の**周辺環境もアピールポイントになる**ので書いておきましょう。

僕の場合は、物件から5分圏内と10分圏内に分けて、日常生活に便利な店舗や設備があることを記載するようにしています。

これはGoogleマップで調べるというよりは、実際に自転車で回ってみて、その情報を記載していくのがいいと思います。

管理会社に管理を委託している場合は、こうした情報も管理会社が調べるものですが、ほかの物件の管理もあるので、細かい物件の魅力を伝える部分は手を抜かれているケースが少なくありません。

セールスポイントで注目したいもう1つのポイントは、**物件の使い方を書く**ことです。通販番組を見ていると、商品の魅力を伝えるときに、どのようなシチュエーションでその商品を活用するかということを繰り返し紹介しているのに気づくと思います。たとえば、掃除用の万能ふきんだったら、食べこぼしや油汚れなど、実際にその商品を使ってデモンストレーションをします。実をいうと、これは商品を伝えるのに**最も反応が高い広告手法**の1つなのです。

それと同じように、物件の用途を単純に住むということだけではなくて、**さまざまなシチュエーションを提案する**のです。

たとえば、僕の物件であったら、駅から近いことをアピールして、最近流行っているサテライトオフィスや会社の事務所として活用するといった具体例を伝えるのもいいでしょう。こうすることで、入居希望者の層を増やすことができます。

また、すでに述べましたが、ペットを飼育していいことも伝えています。僕の物件はすべてペット飼育可としています。ペットが嫌いな人もいますが、そうした層をターゲットから除外することにしました。

そうした理由は、**収益性が高い**からです。ペットを飼う場合は、礼金と敷金を通常よりも上乗せしています。

基本は小型犬1匹としていますが、多頭飼いもご相談くださいと伝えています。ケースバイケースになりますが、敷金をさらに1カ月分上乗せしてほしいなどと伝えています。

一方で、空室期間が長引いて早く決めたいときは、敷金の上乗せをしないこともあります。

また、**入居可能な人の属性（年齢、性別、職業などの個々人の特性データ）のバリエーションを伝える**ことも必要です。たとえば、外国籍の人でも借りられるとか、生活保護を受けている人でも借りられるなどです。

生活保護を受けている人は、公的機関が家賃を支払ってくれるので、家賃の滞納は少なくなります。もちろん、生活保護を受けている人にも家賃保証会社の保証をつけてもらうので、安心です。

メールには部屋の写真や間取り図もつける

メールには**部屋の写真と間取り図をつける**ようにします。

写真はスマートフォンなどで撮影したもので十分です。あまりにひどい雰囲気であれば、不動産会社の担当者が撮影してくれます。ですので、あまり気を使う必要はありませんが、最低限、次の2つは守ってください。

ポイント①　昼間撮影する

写真が暗いと、部屋のイメージも悪くなります。かといって、蛍光灯をつけて撮影すると、スマートフォンのカメラの機能の影響で、青っぽく撮影されてしまいます。青っぽい写真はどこか肌寒い印象を与えてしまうので、入居希望者に悪いイメージを与えかねません。できれば、自然に光が部屋に入る状態で撮影したいものです。

ですので、なるべく日の当たる時間に撮影するのがいいでしょう。

ポイント②　水平に撮影する

イメージが悪い写真の例として、手ブレなどで、天井、床、窓が水平でない状態で撮影されているものがあります。

天井、床、窓の水平が保たれていないと、なんとなく歪んだ感じがするので、なるべく水平に撮影するようにしてください。難しい場合は、三脚や一脚を使うと、上手に撮影することができます。

ポイント③　余計なものが写らないようにする

余計なものが写っていると、見ている人はごちゃごちゃした印象を抱くことがあります。そのため、撮影するときは、あまり余計なものが写らないように注意しましょう。

また、写真以外に、間取り図を添付しておくこともおススメします。物件を購入した際に、物件概要書についている**資料を不動産会社からもらっておく**といいでしょう。

成約しやすい条件も記載する

もう1つ、メールに書く項目としては、入居希望者が成約しやすい条件です。

たとえば、「**礼金ゼロ、敷金1カ月**」「**即入居可**」などです。

最近では、内見をせずにスマートフォンで物件をチェックしただけで、入居を決めてしまう人も多くなりました。

そうした人のために、物件の問い合わせがあったら、不動産会社からオーナーにすぐ連絡が行き、その場で入居が決められる「**即返事可**」という条件を掲載しておくのもいいでしょう。

また、工夫をしているのが**家賃の表記**です。

たとえば、管理費込みで家賃を8万4000円とします。その場合、僕は家賃を7万9

０００円にして、管理費を５０００円と分けて記載します。

なぜかというと、このようにすることで、インターネットで家賃７万円台の部屋を探している人にも、物件がヒットするようになるからです。

最初は試行錯誤すると思いますが、一度決まるメールができると、それは入居付けしてくれる魔法のメールになります。

集客用のメールを一斉送信する

次に、不動産会社のメールアドレスに集客用メールを送信します。
不動産会社が数件程度の場合は、スマートフォンから送信するのもいいと思います。１件ずつ送っても手間はかかりませんが、**ＢＣＣで送付する**といいでしょう。
ＢＣＣとは、ブラインド・カーボン・コピー（Blind Carbon Copy）の略で、送信先を伏せて一斉送信する方法です。

メールアドレスの先頭文字や名前を覚えておいて、宛先のＢＣＣ欄に先頭文字を入れれば、一斉送信が可能です。

ただし、**スマホのＧｍａｉｌでは一斉送信できる件数が限られる**ので、件数が多いときは、**一斉送信できるメーラーや送信アプリを入れる**必要があります。

数が増えてくると、メールアドレスの先頭文字を覚えるのが難しくなってきます。また**誤送信を避ける**ために、僕はスマホではなくて、**ノートパソコンからＧｍａｉｌで送付しています。**

１０００件のアドレスを１つのラベルで管理すると、効率が悪いだけでなく、反応も悪くなります。そこで、だいたい２５０件を１つのグループにし、４グループに分けて送信することにしています。

カテゴリーは、「①投資をスタートしてから連絡し続けている不動産会社のグループ」「②実際に取引実績がある不動産会社のグループ」「③知り合ってから1年たつ不動産会社のグループ」「④知り合ってから1カ月の不動産会社のグループ」の４つです。

パソコンのＧｍａｉｌですと、送信後、**送信取り消し機能**が使えるので便利です。これがあれば、何か失敗したときでも、取り消しを押せば、メールは送信されません。Ｇｍａｉｌの設定から「送信取り消し」にチェックを入れればＯＫです。５～30秒まで設定することができます。

スマートフォンで送信取り消し機能を使うには、グーグル社がつくったアプリケーション「Ｉｎｂｏｘ」を入れれば、使えるようになります。

空室を減らし入居率を高めるには、内見率を高めること

空室を減らして満室経営をするには、賃貸契約の成約率を高めなければいけません。

その成約率を高めるためには、**内見数をとにかく増やす以外にありません。**

一般のビジネスで考えると、次のようになるでしょう。

商品やサービスを購入してもらうには、広告を打って、とにかく露出の機会を増やすこと。露出の機会が増えて、商品やサービスの知名度が上がれば、お客様が購入してくれるようになり、売り上げが立つという流れです。

ところが、一般的に、不動産投資の成約率を向上させるノウハウとして出てくるのは、露出の機会を増やすことではありません。物件をイメージしてもらえるようにモデルルームをつくるとか、「ようこそ」と書かれたウェルカムボードを設置するといった方法に終始していることが多いものです。

こうした販促方法は、商品やサービスの見た目をよくすることになるのでしょう。しかしながら、どんなに見た目をよくしたとしても、そもそも商品やサービスを知られていなければ、お客様は購入しようとも思いません。

広告の父と呼ばれているデイヴィッド・オグルヴィという人が、広告の重要性について次のように述べています。

どんなに着飾っても、暗闇でウインクしている状態では、人の目に止まることがない。つまり、**内見の機会がなければ、どんなに部屋をキレイに見せても意味がない、**ということです。

もちろん、こうした無駄なプロセスを徹底して捨て去ることで、賃貸経営の生産性を飛躍的に向上させることができます。

管理会社が入居募集すると、入居までのロスが大きくなる理由

多くの不動産投資のオーナーは、空室が出ると、管理会社に入居募集を依頼していると思います。しかし、管理会社がスピーディーに動いてくれるとは限りません。

一般的な入居募集までの流れは、次のようになります。

一般媒介の場合、管理会社は不動産賃貸のポータルサイトに物件募集情報を掲載します。

そして、不動産仲介会社が募集情報を見て、まだ空室かどうか、内見がすぐにできるかどうかを管理会社に問い合わせるとします。問い合わせはメールなどではなくて、電話で行

なうのが一般的です。

ところが、管理会社の担当者が会議やほかの用事で不在であったら、どうなるのでしょうか？　大切な内見の機会が失われ、成約になったかもしれない取引が流れてしまいます。

このようなことは日常茶飯事です。

これでは退去が出るたびに、空室の期間が長引いてしまいます。退去が発生し、入居者を募集して、入居するまで、平均的に3カ月かかるといわれていますが、この期間をできるだけ短くするには、**自分でメールを使った営業をするしかない**と僕は考えています。

入居者から退去予告が入ったら、即募集を開始

そこで、とにかく内見数を上げることに注力したのです。
内見数を増やすには、時間が勝負です。僕の場合は、**入居者から退去連絡があった瞬間に、不動産会社各社にメールを一斉送信します。**賃貸契約規定では、1カ月前に退去連絡

をすることになっています。

この**退去までの1カ月間を有効に利用する**ことが、空室を減らして、満室経営にするための大きなポイントになります。

不動産会社を通じて賃貸募集のポータルサイトに掲載されるのが、メールを送ってから2～3日後になります。メールを送付しても、不動産会社はすぐに登録するわけではないので、**とにかく早くメールを送る**ことが重要です。

まず、賃貸募集の情報がきちんとポータルサイトに掲載されているかどうかを調べてください。もし掲載されていなかったら、不動産会社に連絡して掲載を促します。確認の意味も含めて、**ほぼ同じ文面で1週間に1度くらいは、集客する不動産会社にメールを送ります。**

その際に、もし自分の所有しているほかの物件で退去通知があり、空室が出そうだと思ったら、補足情報として、**その空き情報もメールに掲載しておきます。**

また、入居者の都合で退去日が変更になることもあります。そうした場合にも、不動産会社に**すぐに連絡する**ことが重要です。

入居者の退去が決まったら、部屋のリフォームをしますが、ここではお金をかけずに**清**

潔なクリーニングを心がけます。

壁紙も白で統一して、ごく普通の部屋としておくほうがいいでしょう。

オーナーの思い入れで壁紙を変えたり、雰囲気をおしゃれにしたりしても、その雰囲気を入居希望者が気に入るとは限りません。

実は、入居希望者は、すでに内見するときには、**自らのイメージを持って物件を見にくるケース**が多いのです。自分の家具をどこに置こうとか、壁にはこういうものを立てかけようとか、荷物をどこに置こうとかを考えています。だからこそ、**シンプルな部屋にする**のです。

そこでポイントは、時間を無駄にしないためにも、**リフォーム中でも内見を入れる**ということです。

リフォーム中の内見でも決まらない場合には、**4日に1回くらいの割合で、不動産会社に同じ文面で内見依頼の連絡をメールで入れます。**だいたいここまでで、ほぼ入居が決まってしまいます。

入居が決まったら、今回決めてくれた不動産会社だけでなく、**すべての不動産会社に入**

居が決まった旨のメールを一斉送信します。

文面は、「おかげさまでありがとうございました。入居が決まりました」というものでいいでしょう。そうすることで、入居者を決められなかった不動産会社も悪い気はしなくなります。まったく通知をしなければ、メールは一方的なものになって、不動産会社も動いてくれませんが、逐一、報告と連絡を欠かさないと、また機会があれば集客に動こうとする会社も多いものです。

一番いけないのは、メールを送りっぱなしにすることです。

担当者がメールをちゃんと読んでいないケースもありますし、迷惑メールに入ってしまって気づかないこともあります。なかには間違って削除してしまったということもあるのです。

「先方にも悪いし、メールは1回送ればいいだろう」と思いがちですが、不動産会社との円滑なコミュニケーションを取るためにも、**頻繁にメールを送るほうがいい**のです。

たとえば、不動産会社に入居希望者が来ていて、部屋を探しているとします。

そのとき、僕からのメールが担当者に届いたら、そのメールを直接、入居希望者に見せることもできます。そうすれば、すぐに内見してもらうこともできます。

とにかく**情報を早く伝えて、露出を増やす**こと。それが内見の数を増やし、成約につながって、満室経営になるのです。

内見のチャンスを逃さず、鍵を現地に設置する

内見のチャンスを逃さないために重要になるのが、物件の部屋の鍵です。

内見の連絡が入ったら、不動産会社の担当者に部屋の鍵を手渡しで渡す方法もありますが、内見の数が増えれば増えるほど、手渡しで渡していたら、非効率ですし、本業を持っていたら、鍵を渡す時間がありません。

そこで、**現地に鍵を設置する**ようにしました。物件の部屋の鍵をキーボックスなどに設置しておけば、不動産会社の担当者が物件を訪れて、キーボックスから鍵を取り出し、いつでも内見をさせることができます。

また、**キーボックスは2つ設置する**ようにします。キーボックスの調子が悪いなど、不測の事態が発生したときのために、予備のキーボックスを配置しておくのがよいでしょう。

見栄えのための余計な家具は置かない

前述したとおり、内見に来る入居希望者は、自分の部屋のイメージを持っています。このため、部屋には、**家具は何もない**というのが基本です。

たとえば、トイレにウォシュレットを設置したほうがいいという人もいますが、僕の物件では設置しません。というのは、他人が使ったものを使いたいという入居希望者は少ないからです。

もちろん、以前の入居者が退去時に家具を置いていきたいというケースもあります。その場合には、基本的に受け入れて、**置いていってもらう**ことにしています。

エアコンを外す費用が意外と高いので、そのまま残しておきたいという人もいます。退去時に原状回復をする契約ですので、エアコンを外さなければいけませんが、そのまま置いてもらっています。エアコンを外すと、壁紙に穴が空いてしまって、オーナー側にも費用負担が発生することがあります。エアコンを残してもらうことで、お互いに費用がかからずに退去をスムーズに行なうことができるのです。

それだけではありません。

自ら**お金をかけずに部屋がグレードアップしていく**のです。

ただし、冷蔵庫や洗濯機といったものは、処理費用が高いこと、新しい入居者が自分で購入したものを活用したいことがあるので、退去時に引き取ってもらうようにしています。

入居希望者に対しては、内見のときに「家具やエアコンは残置物です。不要でしたらこちらで処理します」と伝えてもらっています。ただ、だいたいの人は、そのまま使っていきます。

コラム

ビッグデータを活用して不動産投資をしよう

IT重説とは何か？

国土交通省が導入を進めているIT重説とは、どういうものでしょうか？

IT重説とは、テレビ会議などのIT技術を活用して行なう重要事項説明（重説）のことです。パソコンだけでなく、タブレットなどの端末を通じて、対面と同様の説明を受けたり、質問が交わされたりして、ネット上で重要事項説明が行なわれます。

IT重説が一般的に広がれば、不動産取引は簡素化され、売る側にとっても買う側にとってもメリットが大きいと、国が導入を進めているのです。

すでに2年ほど前から、国土交通省では、個人と法人の賃貸取引、法人の売買取引でIT重説の社会実験を行ない、約1000件以上の取引を成立させてきました。その結果、一定の要件が揃えば、IT重説を行なっても問題がないという結論に至ったのです。

ただし、法人の売買取引については、実施された件数が数件にとどまっており、継続して実験を続けることが決まっています。このため、IT重説はまずは賃貸取引限定で導入されることになりました。

IT重説の4つのメリット

IT重説のメリットは、次の4つです。

①距離を無関係にするメリット

ITを活用して重要事項説明をするので、遠方に住んでいる相手に対して、わざわざ来てもらわなくて済みます。

たとえば、地方に実家がある学生が、大学に入学するための下宿先としてアパートを契約する場合、両親がわざわざ不動産会社に赴く必要がないなど、交通費が節約できるほか、列車や飛行機の時間を気にせずに賃貸契約を結ぶことができます。このため、IT重説を行なうことができる不動産会社には、客付けに一定の効果を認めることができます。

②時間を無関係にするメリット

ITを活用して重説をするので、スケジュールを気にせずに契約をすることができます。お客様にとっては、仕事で十分な時間が取れないとか、長時間、家を空けることができないといった理由で、重要事項説明の日程調整に苦労することがあります。ところが、IT重説を利用すれば、不動産会社に行く余裕がなくても、いつでも説明を受けることができるので、スケジュール調整がしやすくなります。

③リラックスして受けることができるメリット

重要事項説明には専門用語がたくさん並んでおり、説明内容を十分に理解できないことも多いと思います。しかし、IT重説であれば、不動産会社の事務所などで重説が行なわれるわけではないので、リラックスして重説を聞くことができます。

また、IT重説の場合は、事前に重要事項説明書を送付することが必要になるので、じっくりと重説書を読むことができます。

④契約者本人が来られない事情を解消できるメリット

ケガや病気などで契約者本人が来られない場合でも、自宅の部屋などで重説をすることができるので、問題はありません。

このようにIT重説を導入している不動産会社では、入居希望者がより便利に物件を選べるようになるのです。すでにIT重説とともに、ライブ動画で内見ができるオンライン内見を導入している不動産会社もあります。

たとえば、ホームズ（https://www.homes.co.jp/online/）では、ＩＴ重説とオンライン内見を導入しています。すでにスマートフォンなどで物件の鍵を開閉できるサービスも導入されていることから、次第にＩＴツールを活用した入居者募集が一般的になる可能性があるのです。

賃貸経営の業務効率化のためにも、ＩＴに対応した不動産会社やＩＴサービスに強みを持っている不動産会社とのお付き合いも進めておくべきでしょう。

第4章

物件の管理法

コストをかけずに収益力を上げる

入居者が長く居続けてくれる建物管理とは？

集客を終えたら、次は商品やサービスを提供する部分です。つまり、物件を提供して、入居者が住みやすいように建物の環境を整えていくということになります。

前述したとおり、この部分は普通のビジネスでいえば、製造部門です。

コストをかければかけるほど、入居者に対して質の高い、よいサービスが提供できると思いがちですが、それでは**お金を残すことができません**し、不動産投資を続けることが難しくなってしまいます。

言い換えれば、**間違った方向にお金をかけている**、ということです。経営の視点でいえば、低コストで品質管理を徹底することが必要になります。

たとえば、東京の下町に物件を購入したある不動産投資家の話があります。その投資家は、自分の物件に強い思い入れがあったのでしょう。プレミア感を出そうと思って、何百万円もかけてエントランスの床を大理石にして、マンションをリフォームしました。

ところが、その高級感に溢れた建物は、下町の雰囲気にまったく合いません。また、エントランス部分に多大な投資をしたために、家賃も相場よりやや高くすることになりました。その結果、空室が続き、ついには売却することになってしまったというのです。

所有物件だからといって、自分の趣味に走ってしまっては、結局、**入居者のニーズを満たせなくなります。**自分が投資をする街に合った住環境を提供することが大事です。

サービスを提供する

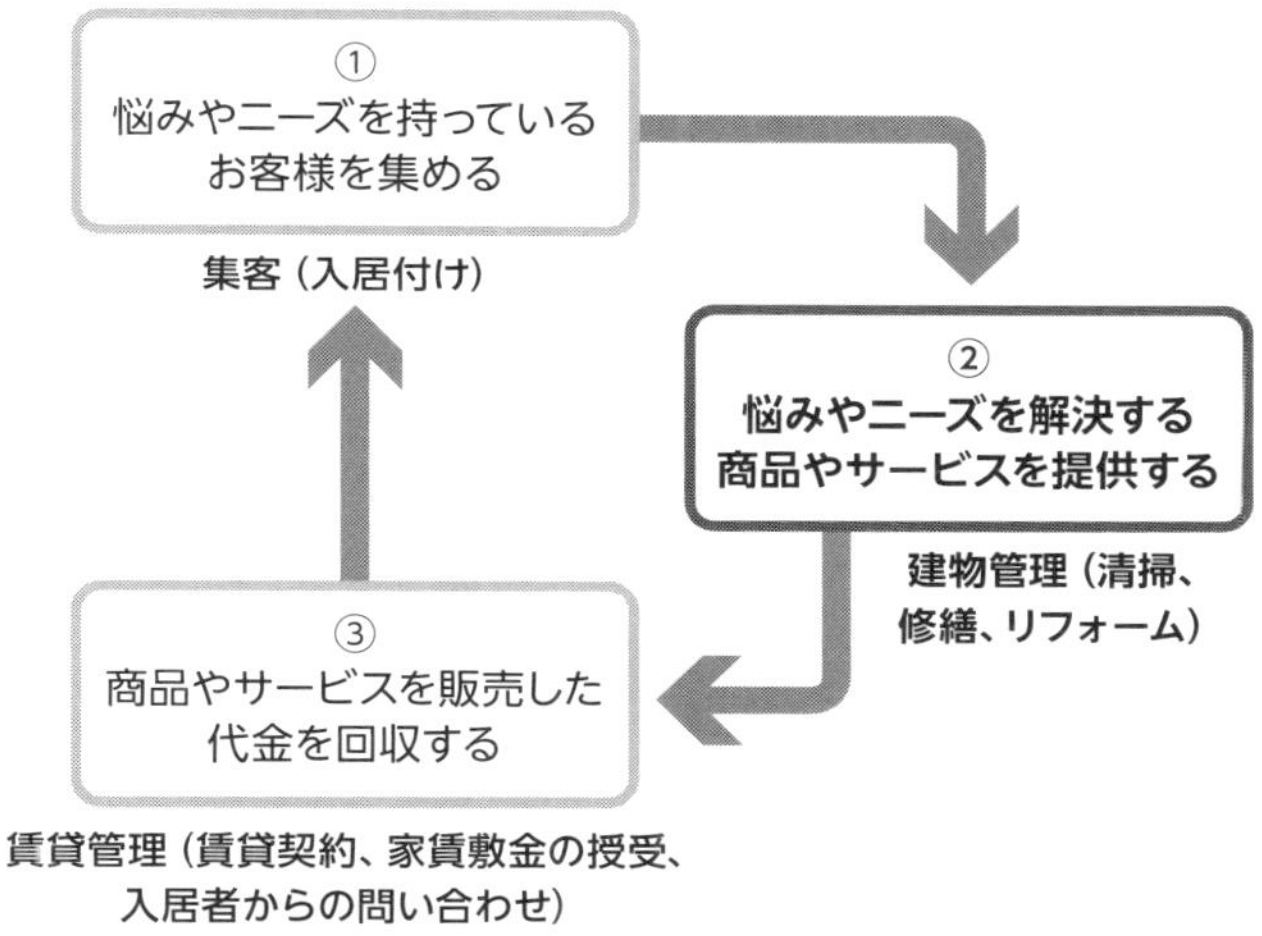

重要なポイントは住みやすい住環境を提供すること

そもそも、賃貸経営で最も重要なポイントとは何でしょうか？

それは、**「入居者が住みやすい住環境を提供する」**ことです。

そんなの当たり前のことだと思うかもしれませんが、「当たり前」だからこそ、それを忘れてしまいがちで、結局、行き詰まってしまうケースが少なくありません。

では、「入居者が住みやすい住環境を提供する」にはどうすればいいかというと、まず**入居者の動向をよく観察する**ことです。その点、ドミナント戦略で自宅近くに物件があれば、無理せずに、自ずと入居者の動向を把握することができます。

前述しましたが、共用部分の廊下の手すりに1本の傘がかかっているとします。1本かかっているくらいだったら、なんの問題もないと思うかもしれません。管理会社に管理を依頼していても、通常の巡回時に見逃してしまうかもしれません。何百件と管理物件があれば、1つの物件にかけられる労力は限られています。

しかし、それがきっかけとなって、大量の傘が放置されることにもなりかねません。住環境が悪くなれば、優良な入居者が退去してしまう可能性もあります。

そうなれば、新たに入居者募集をしなければならず、コストも増えることになります。また、住環境が悪化したせいで、大きく家賃を下げる必要が出てくるかもしれません。収入も大きく減っていき、物件を維持するためのコストを捻出できなくなり、物件がスラム化していくということになるのです。

そのようなことがないように、「入居者が住みやすい住環境を整える」ことが重要になってきます。その点、僕が提唱している**ドミナント戦略であれば、そうした問題は起きません。**所有物件が自宅から5㎞圏内に集中しているので、暇を見つけては自転車で巡回することができます。

自宅と所有物件が近いので、入居者目線で住みやすい住環境かどうかがすぐにわかるのです。物件の細かい異変も、散歩がてら何度も見に行くことで、詳細にわかります。傘が放置されていれば、物件に行ったときに撤去すればいいですし、電気が切れていれば、そこで交換すればいいだけです。コストもかからず、**大きな問題に転じる前に、その原因を取り除くことができます。**

よく自主管理で大変なこととして、入居者からの問い合わせが24時間365日ひっきりなしに来るのではないかと心配する人がいます。しかし、実際に僕が自主管理をしていて、そのようなことはほとんどありません。入居者からの問い合わせは、**年に1回あるかどうかです。**入居者からの問い合わせが多いのは、住みやすい住環境を提供できていないためです。

常に入居者に近いところで観察していれば、そうした**クレームの元になる原因も早めに摘み取ることができる**のです。

そして、そのことは満室経営にもつながります。

空室を出さずに満室にするための究極的な対策は、**入居してくれた人にずっと住んでもらう**ことです。

そもそも退去がなければ、家賃収入も継続的に入ってきます。退去がなくなれば、手間や時間、広告費用をかけて入居者の募集をする必要もありません。

小回りのきく地元のリフォーム会社と取引する

入居者の住みやすい住環境を提供するには、スピード感が大事です。なにか問題が起きているのに、それを放置したままにするのが一番まずい対応です。完璧に素早く対応しなければいけません。

そのためには、**物件の近くにある、いろいろと小回りのきく地元のリフォーム業者に依頼する**のがいいと思います。

小回りがきくというのは、そこに依頼したら、リフォームのことはなんでもできるような会社です。壁紙から床、水まわり、エアコンの設置、掃除まで含めてすべてです。

いろいろな会社に見積もりをとって調べてみると、掃除だけだと高めになります。これは掃除で利益を上げようと考える会社が多いからです。そこで僕は逆の発想で、リフォームも掃除も行なってくれる会社を選んでいます。部屋のクリーニングにかかる費用は2DKで2万4000円程度です。

さらにリフォームが必要な場合、だいたいの作業費用は次のようになります。東京23区ではこれを目安にして、会社を選びましょう。

壁紙の交換　1㎡あたり750円

畳の表替え（畳は中身の畳床と畳表の2つが合わさってできています。表面だけ変えることで新品同様になります。これを畳の表替えといいます）**1畳あたり4000円**

フローリング調のクッションフロア　1㎡あたり1800円

柱などのペンキ塗り直し　2DKで2万〜3万円程度（塗り直す場所による）

では、どうやってリフォーム会社を探せばいいのでしょうか？

これはもちろん、集客担当の不動産会社を探したときと同じように、グーグルで検索します。たとえば、僕の場合は「〇〇区（自宅に近い投資エリア）リフォーム会社」とキーワードを入れて検索をします。

すると、その投資エリアを営業地域にしているリフォーム会社がたくさんヒットします。

物件のあるエリアを営業拠点とするリフォーム会社に依頼することで、なにか起きたときにすぐ対応してもらえるだけではなく、無理を聞いてもらえるようになります。また近いと、リフォームの施工中でも職人さんとの打ち合わせや現場確認ができるので、結果的にミスも少なくなります。

小回りがきくリフォーム会社を味方につけることで、**入居者の満足を向上させながら、コストを削減する**ことができます。

リフォーム会社を絞り込むための5つのルール

たくさんのリフォーム会社から、どの会社を選べばいいのか迷うこともあると思います。そこで、まず大雑把に絞り込む条件を紹介しましょう。次の**5つのルール**で振り分けてみましょう。

ルール①　建設業許可の免許を所有している

そもそもリフォーム業を行なうにあたっては、建設業の許可は必要ありません。なぜなら、建設業の許可が必要なのは29業種ありますが、リフォーム業という業種区分が存在しないからです。

また、リフォームでは、建設業の許可が不必要な軽微な建設工事が多いのも、建設業許可を取っていない理由です。

たとえば、新築一戸建などの建築一式工事の場合、１５００万円未満または延べ床面積１５０㎡未満の木造工事であれば、建設業の許可が不必要です。内装工事や配管工事などの工事では、５００万円未満までであれば、建設業の許可は不必要です。多くのリフォーム会社は５００万円に満たない金額で業務を請け負っていることが多いため、建設業許可を取っていないのです。

しかしながら、リフォームという言葉には幅広い意味があると思います。内装工事だけでなく、場合によっては難易度の高い配管工事や電気工事をしなければなりませんし、塗装工事や屋根の工事をすることもあるでしょう。このように、リフォームを実行するにあたっては、さまざまな専門的な工事をする必要があるのです。

いざ工事をしなければならなくなったときに、「できません」といわれたら、また業者選びをしなければなりません。そして、専門知識がなければ、リフォーム工事で問題が起きても対処できなくなります。だからこそ、**建設業許可を有するリフォーム会社に依頼をする必要がある**のです。

リフォーム工事自体は、壁紙の張り替えとかクリーニングやフローリングの修理など軽微な作業が多いのですが、何かあったときに対処できるように建設業の許可証を持っている会社とお付き合いをするように心がけましょう。

ルール② 設立から5年以上の実績がある

手抜き工事などをされないためにも、設立から5年以上の実績がある会社にしましょう。評判のよくないリフォーム会社は一般的に5年前後で撤退を余儀なくされているからです。5年以上存続している会社は、近隣にもリピーターが多く、問題がない仕事をしていることになります。

実は建設業許可の要件の中に、「許可を受けようとする建設業で、5年以上の経営業務の経験がある管理責任者がいること」という定めがあります。

つまり、建設業許可を所有している会社には、少なくともリフォーム業や専門工事などで5年以上の実績がある責任者がいることになります。建設業の許可証をもらっている会社であれば、ほとんどが5年以上の実績があるので安心です。

ルール③ 資格を持った職人が多くいるか

抱えている職人さんが多くいるかどうかは、とても重要です。というのは、そのリフォーム会社に職人さんが少なければ少ないほど、依頼した仕事が外注される可能性が高いからです。とくに抱えている**職人がゼロという会社に依頼するのは控えたほうがいい**でしょう。

外注されると、費用が高くなる可能性があります。また、手抜き工事が発生した場合に、外注先に責任が転化される可能性があります。その際に、責任がうやむやになって、泣き寝入りするしかない状況に追い込まれることがあるので、注意しましょう。

一方、職人を多く抱えている会社は、仕事を外注せずに自社で行なうので、コストは安くなります。責任の所在もハッキリしているため、問題が起こったときにも対処しやすいのです。10人くらいの職人さんを抱えている会社であれば、まず問題はないでしょう。

また、抱えている**職人さんが資格をきちんと持っているか**も重要です。リフォームに関する代表的な資格としては、建築士、内装工事で必要な建築施工管理技師、塗装工事で必要な塗装技能士、屋上などの防水工事で必要な防水工事業の建設業許可、防水施工技能士などの資格があります。資格を持っている職人が多いということは、それだけ技術に対して真摯《しんし》であり、間違いがない仕事をしてくれるものです。

ルール④ メールでやりとりが可能か?

電話やファックスで連絡が取れるだけでなく、メールでもやりとりができる会社を選びましょう。メールでやりとりができると、いつでもどこでも、問題が発生した時点で、リフォーム会社に連絡を取ることができます。即対応ができれば、入居者の満足にもつながります。

また、メールでやりとりをすれば、こちらの伝えたことが実行されなかったときに、そのときの**メールを問題の証拠とする**ことができます。記録があれば、責任の所在を明らかにすることができます。

さらに、メールなどですぐに返事をくれる会社を重視しています。**見積もりが早いところもポイント**です。たとえば、「見積もりは来週になります」とか「2週間後に見積もりします」では困ります。なぜなら、見積もりが遅れれば遅れるほど、空室期間が増えることを意味するからです。

1日でも早く現場に行き、見積もりをしてくれる会社を選びましょう。また、そういう会社のほうが作業が早いという特徴があります。

ルール⑤　見積もりが詳細に書かれているか？

最終的に3社ほどに絞り込んだら、いきなり依頼するのではなく、それぞれの会社に**見積もりを出してもらう**ようにしましょう。

ここでの注目ポイントは、**見積もりの詳細が書かれているか**どうかです。たとえば、浴室とトイレのリフォームの見積もりを依頼したとしましょう。送付されてきた見積書を見て「浴室とトイレのリフォーム一式20万円」などと書かれていたら、この会社は問題があると見ていいでしょう。大雑把な見積もりを出してくるリフォーム会社は、作業工程が決まっておらず、無駄が多いのです。

また、見積もりが大雑把だと、依頼した側としては、どれにどれだけのコストがかかっているのかわからなくなります。コスト管理ができないので、余計にお金がかかる可能性もあります。

それに対して、「浴室のシャワーのホース交換〇〇円」「トイレのパッキン〇〇円」など部品の値段まで詳細に明記している会社は、作業工程がしっかり決まっていて、仕事も丁寧である可能性が高いといえます。また、どの部品がいくらで、作業の工賃がいくらかといった内訳がわかるほうが、**予算に合わせて工事内容を変更できるため、コストを抑えられます。**

実際に作業を見てから決める

5つのルールによって、数社に絞り込み、見積もりを出してもらったら、実際に依頼してみましょう。

僕も最終的に1社に絞り込むまで、何社かに実際にリフォームをしてもらい、どこがいいか比較しました。

そうすると、会社によってリフォームの質に違いがあることがわかります。僕はリフォーム会社に部屋の掃除までやってもらいますが、掃除のレベルも各社によってまちまちです。

たとえば、照明器具まで掃除してくれるかどうかです。掃除してくれたとしても、どこまで掃除するのかが違ってきます。シーリングライトのような天井に据え付けるタイプの照明の場合、ある業者では照明のカバーを外して掃除をしてくれました。一方で、カバーを外さず、外側だけ掃除する会社もあるのです。

窓を窓枠から外してすべて掃除をしてくれる会社もあれば、そのまま拭き掃除するだけのところもあります。

水まわりはとくに清掃の質の違いが大きく出てくるところです。お風呂の鏡がキレイに清掃されているか、キッチンの水まわりに水アカが残っていないかなどをチェックしていきます。そして、**清掃やリフォームの質が高い会社を最終的に選ぶ**ことにしています。

仮に、相場からやや価格が高い会社と、**価格は安いけど品質にやや問題がある会社**があったとしたら、僕は後者を選ぶようにしています。というのは、チェックして気づいたことを伝えると、次に依頼したときには、その点をクリアしている会社が多いからです。

「前回、キッチンの水まわり部分に水アカが残っていたので、水アカをすべて取っていただくようにお願いします」のようなメールを送れば、レベルアップしてくれるのです。

こうして、品質を高めながら、コストを下げていきます。

リフォームの作業をあらかじめルーティン化しておく

リフォームの費用対効果を高めるポイントは、リフォーム作業そのものを**ルーティン化**することです。

リフォームでは、退去したあとの部屋の状況によって作業内容が変化します。リフォーム作業がその都度、変化すると、退去のたびに、どのようなリフォームをするのかを考えなければならず、品質を一定に保つのが難しいばかりか、コストパフォーマンスを下げる結果にもつながります。

部屋ごとにリフォームを変えるのではなく、**リフォーム作業を定型化する**ことによって、品質を一定にするとともに、コストを抑えることができます。

そのために必要なのが、**ゴール地点をリフォーム会社と共有しておく**ことです。

僕の場合は、なんの変哲もない白い壁紙の部屋にすることがゴール地点です。

そのゴールに到達するために、まずはクリーニングから行なってもらいます。トイレや台所などの水まわりの清掃では、汚れを落として磨き上げてもらいます。さらに、床や壁紙、換気扇、クーラーなどの汚れも落とせるだけ落としてもらいます。

このクリーニングで壁紙などがきれいになれば、張り替えの必要はなくなります。そして、クリーニングではどうしてもきれいにならないものだけ、リフォームするという形をとっています。

作業をルーティン化するためには、**作業の内訳を知る**ことが重要です。見積書のリフォーム代一式では、どのようなことを行なったのかまったくわからないため、コストを抑えてパフォーマンスを上げることはできません。しかし、内訳がわかれば、**削ることができそうな作業を減らし、コストを下げながら、パフォーマンスを上げる**ことができるのです。

同じ会社に依頼して信頼関係を高める

何社ものリフォーム会社と取引するよりも、**信頼できる1社にお願いしたほうが、作業効率はよくなる**と思います。

その1社に依頼し続けていると、たとえば、急に発生したリフォームでもすぐに対応するなど、融通を利かせてくれるからです。相手にとってお得意様になれば、いざというときに頼もしいパートナーになるのです。

あるとき、雨漏りが発生していると入居者から連絡がありました。原因は、マンション外壁の防水用の建築資材が劣化していたことです。リフォーム会社にすぐに対応してもらったところ、その際、外壁のタイルが浮いているという問題も見つかりました。

ついでに直してもらったのですが、外壁のタイル分の費用は無料サービスにしてもらえました。理由は、いつも依頼しているからです。1社に絞ることで、こうした恩恵も受けることができます。

ただし、いつも依頼しているからといって、馴れ合いの関係はよくありません。

適度に緊張感を保つために、僕は**リフォームの抜き打ち検査**をしています。方法は簡単です。いつも物件を巡回しているときに、ついでにリフォーム中の現場も回るようにしているだけです。アポイントなしでオーナーが顔を出すので、現場には緊張感が生まれるというわけです。

こうすることで、**手抜き工事を減らす**ことができるだけでなく、そのリフォーム会社の**職人さんの本当の仕事ぶりを見る**ことができます。

どんなに信頼できるリフォーム会社でも、抱えている職人さんには入れ替わりがあります。また、リフォームのスキルは属人的なものなので、職人さん次第で大きく変わります。

以前、リフォームの巡回に行ったとき、室内でタバコを吸っている職人を見つけました。

もちろん、火事になる危険性だけでなく、部屋に臭いが残る可能性もあるので、室内でタバコを吸うのはご法度です。信頼していた会社でしたが、こうした問題は起こるものなのです。

最低限の緊張感を保つためにも、抜き打ち検査は必要だと思います。

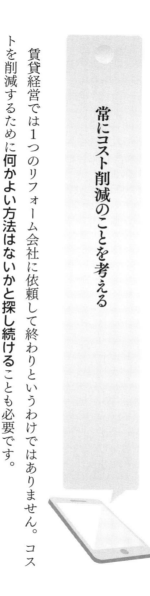

常にコスト削減のことを考える

賃貸経営では1つのリフォーム会社に依頼して終わりというわけではありません。コストを削減するために**何かよい方法はないかと探し続ける**ことも必要です。

コスト削減のアイデアはいろいろなところに転がっています。僕が**無足場工法（ロープアクセス工法）**という技術がコスト削減に役立つことに気づいたのは、あるテレビ番組をボーッと見ていたことがきっかけです。たまたまリフォーム会社の経営者を紹介する番組があり、足場をつくらずに外壁工事や防水工事を行なう画期的な技術を有している会社がある

足場がいらないからコストを抑えられる

と紹介されていたのです。

実は外壁工事の費用の大半は、作業をするための足場にかかっています。足場の価格は面積に比例して高くなるため、マンションの場合だと、戸建の2倍ほどかかるケースもあります。

しかし、外壁をすべて修繕するためならまだしも、外壁の1カ所を修繕するのに膨大なコストをかけて足場を組む必要があるのか、常に疑問に思っていたところでした。

そんなとき、たまたま見ていたテレビ番組で、無足場工法で作業をしている会社の情報が飛び込んできたのです。

小さな外壁修復は無足場工法でコストを削減

ちなみに、無足場工法とは、見てわかるとおり、ハーネスをつけながら、修繕箇所までロープで降りていって修繕するという方法です。足場を組まないため、工期を大幅に短縮することができ、コストも大きく削減できます。

ただし、**14階建て以上の高層ビルや屋上にロープを設置する場所がない建物などでは、無足場工法は活用できません。**

あるとき、窓枠から雨水が漏れているというトラブルがありました。懇意にしているリフォーム会社に原因を分析してもらうと、窓枠のゴムが劣化して、そこから水が漏れているということでした。

合成樹脂を劣化部分に流し込んで防水をするシーリング防水工事や、窓の周囲のタイルの目地を防水すればいいという見立てでした。外壁の工事が必要なので、当然のことながら、足場を組んで作業をする必要が出てきます。

しかし、修繕するのは水漏れが出ている外壁の一部だけ。なんとか足場をつくらずに修繕できないかと考えました。

そこで、以前、テレビ番組で放送していた無足場工法のことを思い出したのです。すぐに無足場工法を採用している外壁工事の会社を**グーグルで検索**しました。前述の**5つのルール**で3社に選別し、見積もりを出してもらいました。

見積もりを依頼すると、やはり足場を組まないとダメという会社もあれば、無足場工法で十分だという会社もありました。その中から、無足場工法で歴史と実績のある会社を選び、依頼をしたのです。

実際に修繕してもらって、水漏れもきちんと直りました。それ以後、小さな外壁の修繕は無足場工法で行なっています。

簡単な掃除は素早く自分で動こう

これまでも話しているとおり、小さな問題を放置していると、大きな問題につながります。それがひいては退去者を増やすことになり、物件のスラム化が進んでしまいます。

そうならないためにも、**物件の清掃をできる限り自分で行なう**ようにしたいものです。大変だと思う人がいるかもしれませんが、そんなに難しいものではありません。

清掃といっても、掃除のプロが目指すようなチリひとつ落ちていないというレベルまでする必要はありません。

共用部分である廊下やエントランス、ゴミ捨て場などを見て、自分の住まいだったら気になるかどうかという視点で、掃除をしていきます。実際は、**小さなゴミを取り除く程度**です。**1棟で15分くらいの掃き掃除**でも、毎回、巡回のたびに清掃をしていけば、物件の住み心地が格段によくなりますし、それが入居者の退去を防ぐことにもつながっていくのです。

管理会社に管理を委託していると、小さなゴミや細かい問題は放置されがちです。放置されて、大きな問題になってから、初めて真剣に取りかかってくれます。しかし、**それでは遅すぎます。**問題が大きくなると、解決するのに長い時間が必要だったり、大きなコストがかかったりします。そのようなことがないように、散歩がてらの巡回で**小さな掃除を積み重ねていく**のです。

雑草や木の処理は便利屋さんに依頼する

もちろん、日々の清掃の中で自分にできないことは、**便利屋さんにお願いする**ようにしています。たとえば、除草剤を撒いてもなかなか駆除できない頑固な雑草の処理などは、便

利屋さんに依頼することにしています。

僕の場合は、最初に除草剤を撒いたのですが、効果がなかったので、除草シートを張ることにしました。除草シートを張るのは素人だとなかなか難しいため、便利屋さんに張ってもらうことにしたのです。

また、マンションの庭には雑草だけでなく、木も生えていたので、それらの処理も含めて作業してくれる便利屋さんを探しました。


ここでも、グーグルで「便利屋　雑草　処理」などのキーワードで検索していきます。数件の便利屋さんが見つかったので、それぞれに見積もりを出してもらい、メールでやりとりができ、かつ一番安いところに依頼しました。幸い、よい業者が見つかって、ゴミ処理代を含めて4万円で済ませることができました。

このように、**自分ができないことは無理してやる必要はありません。**自分ができないことは、どんどん業者さんに割り振ることが大切です。

万が一のために、入居者に
火災保険の付帯サービスに加入してもらう

真夜中に鍵をなくしてしまったとか、給排水設備が問題で水漏れが真夜中に発生した場合など、緊急時の対応も、自主管理ならオーナーがすべてやらなければいけないと思われるかもしれません。

実は、そんなことはないのです。

入居者が火災保険に加入する際に、**24時間365日対応の付帯サービス**に加入してもらえばいいのです。入居時に火災保険に加入してもらいますが、そのときに付帯サービスにも入ってもらうように、仲介会社を通じて入居希望者に伝えてもらいます。もちろん、強制ではありません。

火災保険の会社によっては、付帯サービスを利用するのに別途費用が必要なところもあります。また、一定のサービスまでは無料で対応してくれるところもあります。

専門家が24時間365日対応してくれるのは、オーナーにとっても、入居者にとってもうれしいサービスだと思います。

たとえば、三井住友海上保険のGKすまいの保険（家庭用火災保険）の「暮らしのQQ隊」というサービスの場合（「6つの補償プラン」「4つの補償プラン＋破損汚損プラン」を申し込んだ人限定）は、次のようなサービスを無料で受けられます。なお、無料なのは30分程度の応急修理に要する作業料、出張料です。部品代や30分を超える応急修理の作業料は有料になります。

水まわりサービス

給排水管やトイレの詰まり、故障に伴う水溢れなどが生じた場合、専門の業者を手配し、その業者が直接応急処置をします。

鍵開けサービス

玄関ドアの鍵を紛失してしまった場合などに専門の業者を手配し、その業者が直接開錠を行ないます。

そのほか、別のプランも同時に申し込むことで、大型の家具の移動サービスや高い場所の電球交換まで行なってくれる至れり尽くせりの内容になっています。

こうした火災保険の付帯サービスに入居者に加入してもらうことで、オーナーは**年中無休で対応をしなくて済む**ようになります。

収益を最大限にする賃貸管理とは?

続いては、**賃貸管理**です。賃貸管理とは、入居希望者と賃貸契約を結び、家賃や敷金の授受や入居者からの問い合わせに応じるなどの仕事です。

これも、業者に任せられる部分は業者に任せて、自分でやれる部分は**最小の時間でできるように仕組み化をする**ことが基本です。

お金を回収する

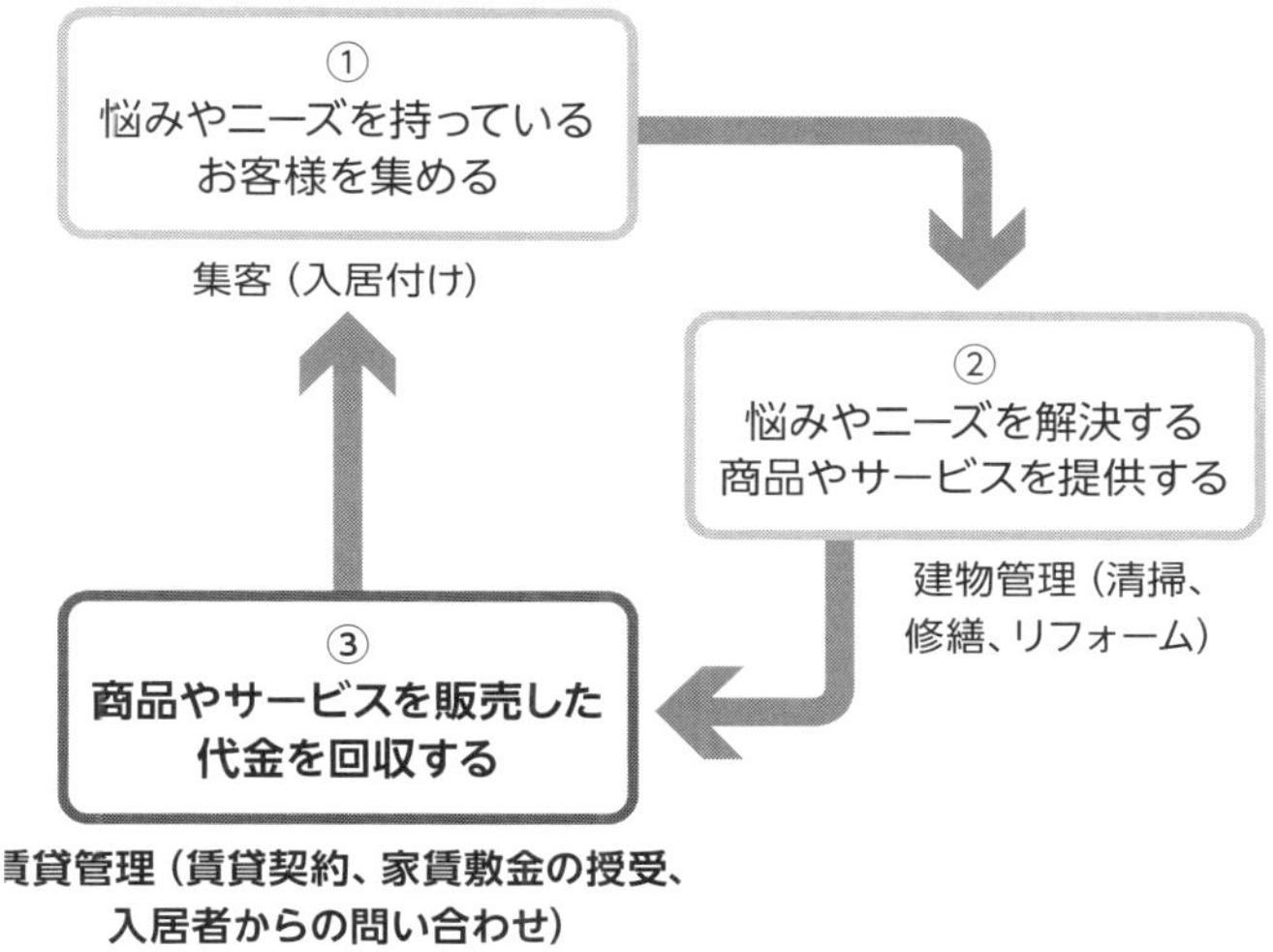

この部分は普通のビジネスでいえば、経理部門や管理部門です。きちんと収益を上げるためには、正しい収益管理を行なわなければなりません。

では、まず「**賃貸契約**」の部分です。入居者と賃貸契約を交わすところは、集客をする不動産会社が行なってくれます。そのため、自ら入居者と会うことはありません。

入居申込書などの契約書類と入居希望者の年収などの属性情報についてはすべてメールでやりとりするようにしてください（これが「仕組み化」です）。そうすれば、いつでもどこでも入居希望者の情報を判断することができます。

具体的に契約までのプロセスを説明しましょう。

入居前の事前審査では、不動産会社からメールで入居申込書が送られてきます。その際、入居者の年収がどのくらいとか、どんな会社に勤めているかなどが書かれている個人属性の書類も、入居申込者の書類のセットとして送付してもらいます。

なお、僕のところに送られてくる入居申込書はすべて**事前に家賃保証会社の審査を通過した人だけ**にしています。

家賃保証会社の事前審査を通過してない人の書類を見ても仕方がありませんし、個人情報の管理の観点からいっても問題があるからです。

無駄なプロセスを省くためにも、振り分けられた人のみを判断するようにしています。僕が書類を見て大丈夫だと思えば、お客様を連れてきてくれた不動産会社に伝えて、賃貸契約を結んでもらいます。

家賃保証会社だけでなく、連帯保証人もつけよう

賃貸経営にとって空室リスクの次に怖いのが、**家賃の滞納リスク**です。

日本賃貸住宅管理協会が調査した「第18回賃貸住宅市場景況感調査（2017年4～9月調べ）」によると、月初全体の滞納率は、首都圏で6・5％、全国で8・2％となっています。このように意外と確率が高いのが家賃の滞納です。

どのようにして家賃滞納を防ぐべきでしょうか？

そのために利用したいのが**家賃保証制度**です。家賃保証とは、家賃の滞納があったときに、入居者に代わって、滞納している家賃を家賃保証会社が支払ってくれる制度です。家賃保証の手数料は入居者から受け取る仕組みなので、オーナーの出費はありません。**賃貸契約の際に加入してもらう**ようにしましょう。

入居者は家賃保証会社と保証契約を結び、オーナーは家賃保証会社と保証委託契約を結

びます。これにより、家賃保証会社は次のようなサービスをしてくれます。

①入居者の審査
②家賃が滞納された場合、滞納された家賃を立て替える（代位弁済）
③入居者への家賃の督促や家賃回収の実行

僕の場合には、入居者に家賃保証会社と保証契約を結んでもらうとともに、**連帯保証人もつけてもらう**ようにしています。なぜ二重に保証をつけるのかというと、連帯保証人を取ったほうが、家賃の滞納が発生しにくくなるだけでなく、原状回復費用も連帯保証人に請求することができるからです。

また、家賃滞納が発生すると、入居者と連絡が取れなくなることが多いのですが、連帯保証人がいれば連帯保証人を通じて入居者本人と連絡が取れることが多いのです。

ただし、2020年4月1日以降、連帯保証人をつける場合は、少し注意が必要です。なぜなら、**改正民法が施行され、連帯保証人の保護が強化される**からです。具体的には、家賃滞納が発生した場合、連帯保証人は無限に連帯責任を負う義務はないということが明文化されています。

このため、連帯保証人が支払う必要がある**限度額を賃貸契約書に明記する**必要があるのです。

なお、支払い限度額は家賃の約1年分とされていますが、賃貸契約書に限度額が明記されることによって、連帯保証人を取るのが難しくなる可能性があります。

いずれにしろ、こうした法律制定の流れを見ると、入居者に家賃保証をつけることは、今後、必ず必要になってくるでしょう。

連帯保証人を取らずに大失敗してしまったケース

連帯保証人を取らずに失敗したケースとしては、次のような問題がありました。
その方は生活保護を受けていました。僕は生活保護を受けている方でも家賃保証会社の審査を通れば、入居を許可しています。その方を紹介してくれた不動産会社の担当者に聞

いても問題ないとのことだったので、入居を許可しました。

しかし、その方は心の病の影響で、夜に騒ぎ出すことがたびたびありました。部屋で暴れ出して、バットのようなもので壁を叩いたり、窓を割ったりしていました。

さすがに、ほかの住人が恐怖を覚えて警察を呼んだそうです。もちろん、オーナーである僕にも警察から連絡がきました。修羅場に行かなくてはならないと思ったのですが、幸い本人が落ち着いたということで、立会いは不要になりました。

生活保護の方には、生活のアドバイスや生活状況をチェックするケースワーカーがついています。その方にあとで話を聞くと、心を安定させる薬を処方されたのですが、ルールどおりに服用しなかったとのことでした。入居審査の際にオーナーである僕になぜ相談してくれなかったのか悔やまれるところですが、個人情報保護の観点から本人の病歴については伝えられないとのことでした。

僕はケースワーカーと話し合いをして、最終的にその方は入院されることになりました。

問題はその方によって、めちゃくちゃに破壊された部屋の原状回復です。窓ガラスはすべて割られ、部屋の中は家具が散乱し、手がつけられない状態でした。

入居者が契約した家賃保証会社は、家賃については保証してくれますが、**原状回復費用**

については保証してくれません。結局、原状回復費用として50万円ぐらいかかりました。とても痛い出費です。

もし、仮にその方に連帯保証人をつけていれば、原状回復費用を負担していただけたかもしれません。だから、**できるだけ連帯保証人をつけたほうがいい**のです。

また、一部の家賃保証会社では、一定の条件の下、原状回復費用を出してくれるところもあります。そうした保証が厚い家賃保証会社との契約を入居者に勧めるのもいいでしょう。

入居者と敷金償却契約（敷金返金なし＝敷引き）を結ぶ

退去時には敷金の精算というプロセスがあります。

貸主が現場に立ち会って、借主の故意や不注意による消耗、毀損《きそん》などを判定して、最終的に敷金を精算します。自主管理で多くの人が一番面倒だと感じる部分です。

借主はなるべく払いたくないと思いますし、貸主はより多くの敷金を取りたいと思っています。利益が相反するため、敷金精算では揉めることが多いものです。

そこで僕は、**敷金償却契約**を結ぶようにしています。

敷金償却契約とは、退去時に敷金の一定額（または全額）を無条件に差し引く契約のことをいいます。業界的には「**敷引き契約**」ともいいます。

この契約を最初に入居希望者と結んでおけば、退去時の精算をする必要がありません。僕の場合は、家賃1カ月分でクリーニングやリフォームを行ないます。敷金償却契約を最初から結んでおくと、退去の立会いは一応しますが、鍵を受け取るくらいでトラブルになったりするような問題はなく、とても楽です。

ただし、入居希望者の中には、敷金償却契約を嫌がる人もいます。そうした人が来ないように、**募集の時点で賃貸契約の条件として提示しておく**のがいいでしょう。

なお、2020年4月1日に施行される改正民法でも敷金償却契約は認められていますが、**差引き額は常識の範囲内に留めておく**のがよいでしょう。あまりに高額すぎると認められない可能性もあるので、注意しましょう。

Googleスプレッドシートで入金管理をする

続いて「**入金管理**」です。入金管理には家賃入金用の口座を用意します。基本的には融資を受けている金融機関の口座などで対応しましょう。

家賃の入金口座は、あらかじめ賃貸契約のときに入居者に伝えておきましょう。家賃は入居者から手渡しでもらうのではなく、**銀行振り込み**にしてもらいます。

また、ネット上で家賃の入金状況が確認できるように、**インターネットバンキング**の登録もしておきましょう。

家賃入金用の口座を用意しておけば、その口座の通帳または口座データそのものが、「現金出納帳」の役割を果たしてくれます。確定申告をするときには、この通帳や口座データを活用して申告をしましょう。

この口座の情報と入居者の家賃情報を照らし合わせて、きちんと入金が行なわれているかどうか確認します。

そのときに活用するのが**Googleスプレッドシート**です。Googleスプレッドシートがよくわからない場合は、マイクロソフト社の**エクセル**でもけっこうです。

スマートフォンでエクセルファイルを共有するためには、Googleドライブの中のマイドライブというフォルダにエクセルを入れておきましょう。Googleスプレッドシートでエクセルを開くことができます。

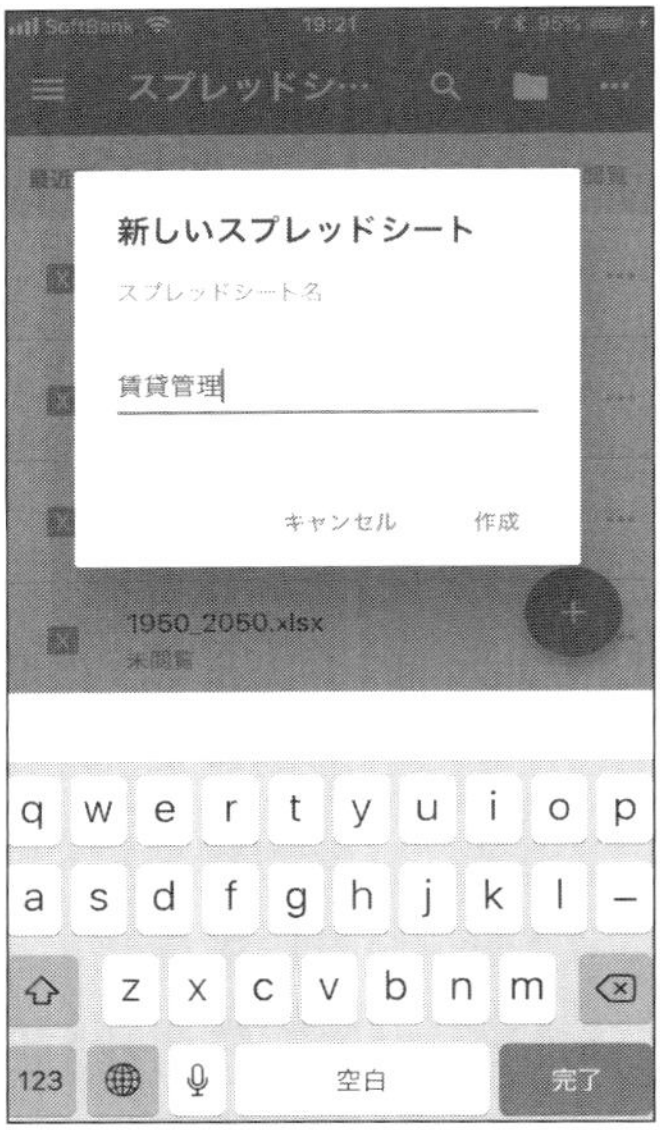

スプレッドシートをつくる

さて、Googleスプレッドシートで入金管理表をつくる方法を紹介します。

Googleスプレッドシートのアプリケーションをダウンロードして、立ち上げます。画面上の赤いボ

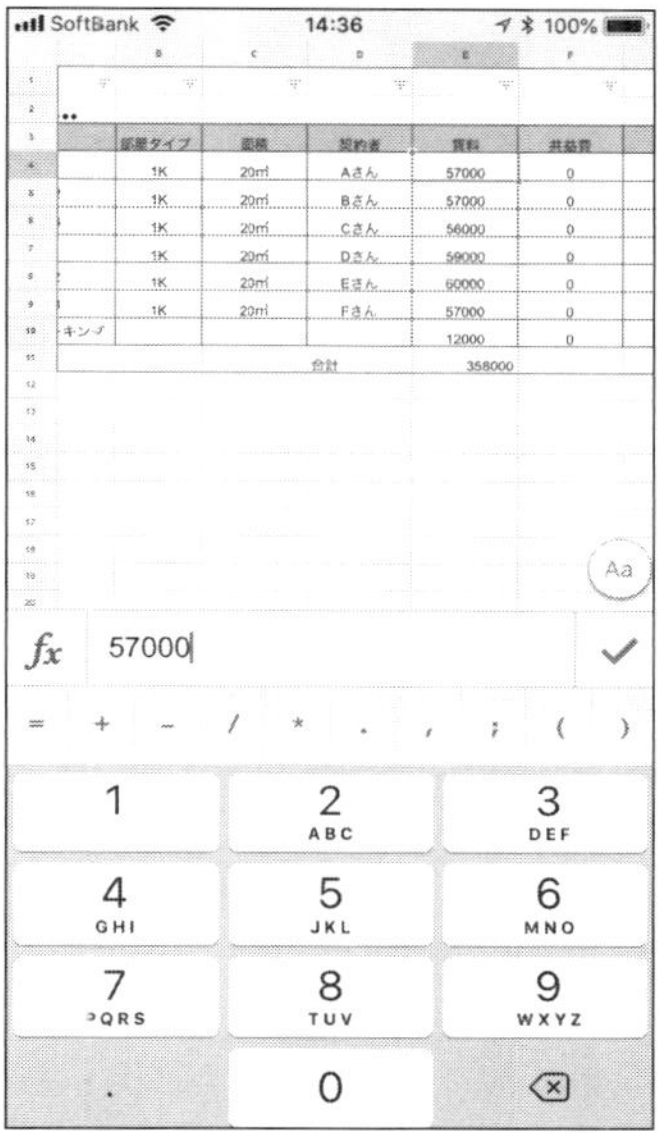

必要項目を入力

物件ごとに管理する

タンを押すと、新しいスプレッドシートをつくることができます。賃貸管理などの名前をつけて管理します。

シートの作成方法は、エクセルと同じです。関数も活用できます。必要な関数はＳＵＭ関数くらいです。ＳＵＭ関数は値を加算していく関数です。

僕の場合は、次のような項目をつくっています。

①部屋タイプ

②面積

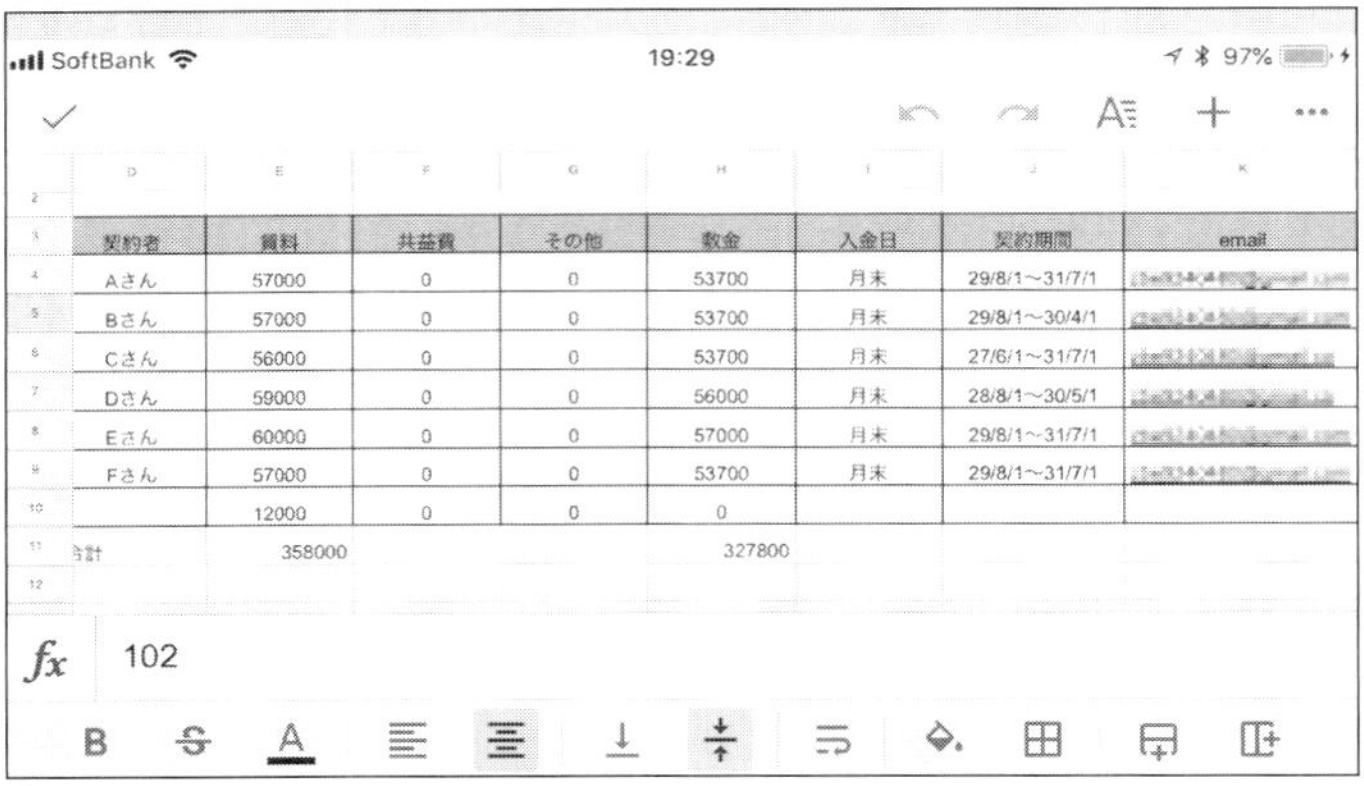

	D	E	F	G	H	I	J	K
3	契約者	賃料	共益費	その他	敷金	入金日	契約期間	email
4	Aさん	57000	0	0	53700	月末	29/8/1～31/7/1	
5	Bさん	57000	0	0	53700	月末	29/8/1～30/4/1	
6	Cさん	56000	0	0	53700	月末	27/6/1～31/7/1	
7	Dさん	59000	0	0	56000	月末	28/8/1～30/5/1	
8	Eさん	60000	0	0	57000	月末	29/8/1～31/7/1	
9	Fさん	57000	0	0	53700	月末	29/8/1～31/7/1	
10		12000	0	0	0			
11	合計	358000			327800			

入金があれば色をつけてチェックする

③契約者
④賃料
⑤共益費
⑥その他
⑦敷金
⑧入金日
⑨契約期間
⑩連絡先（メールや電話など）

副収入で入るコインパーキングや自販機からの収入も、こちらのスプレッドシートで管理しています。

僕は現在7棟の物件を所有していますが、物件ごとに表をつくって、1つのシートで管理しています。すべての物件を1つのシートで一括管理を

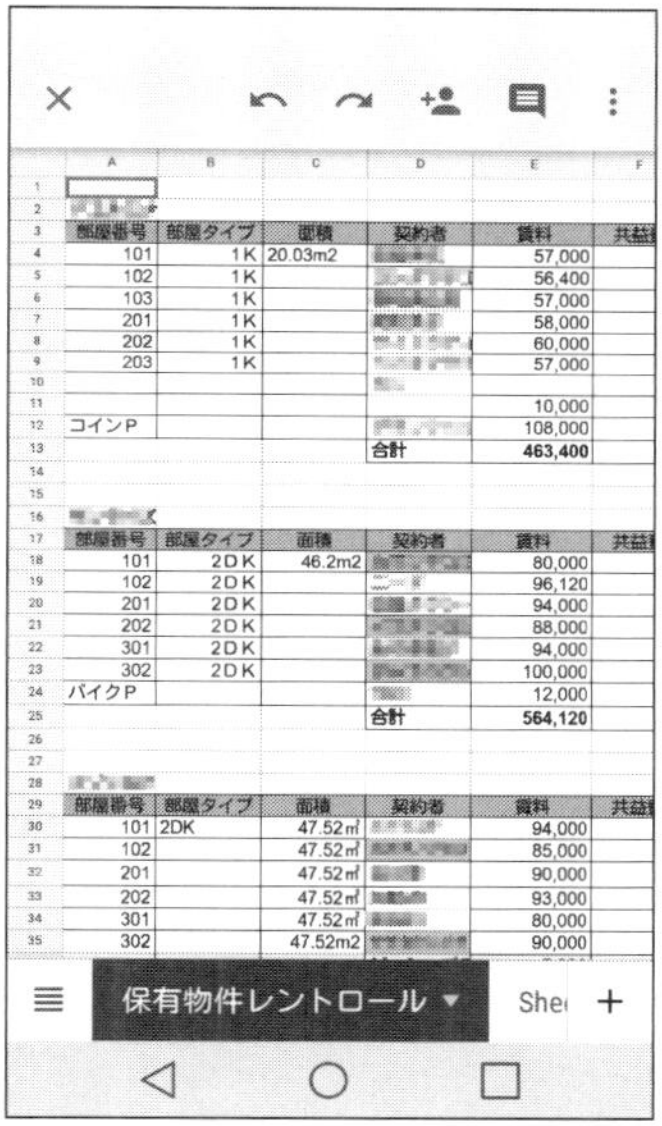

	A	B	C	D	E	F
1						
2						
3	部屋番号	部屋タイプ	面積	契約者	賃料	共益
4	101	1K	20.03m2		57,000	
5	102	1K			56,400	
6	103	1K			57,000	
7	201	1K			58,000	
8	202	1K			60,000	
9	203	1K			57,000	
10						
11					10,000	
12	コインP				108,000	
13				合計	463,400	
14						
15						
16						
17	部屋番号	部屋タイプ	面積	契約者	賃料	共益
18	101	2DK	46.2m2		80,000	
19	102	2DK			96,120	
20	201	2DK			94,000	
21	202	2DK			88,000	
22	301	2DK			94,000	
23	302	2DK			100,000	
24	バイクP				12,000	
25				合計	564,120	
26						
27						
28						
29	部屋番号	部屋タイプ	面積	契約者	賃料	共益
30	101	2DK	47.52㎡		94,000	
31	102		47.52㎡		85,000	
32	201		47.52㎡		90,000	
33	202		47.52㎡		93,000	
34	301		47.52㎡		80,000	
35	302		47.52m2		90,000	

管理がしやすいように項目の位置を調整

することで、キャッシュフローを明確にし、漏れがないようにしているのです。

このスプレッドシートを見ながら、きちんと口座に家賃が入っているかを毎月チェックします。スプレッドシートにまとめてあるので、休憩や通勤時間でも確認できるのが、ありがたいです。

それぞれの入居者の家賃をきちんと確認して、インターネットバンキングで融資返済分のお金を返済用の口座に移動させます。

入金が遅れている人には催促メールを

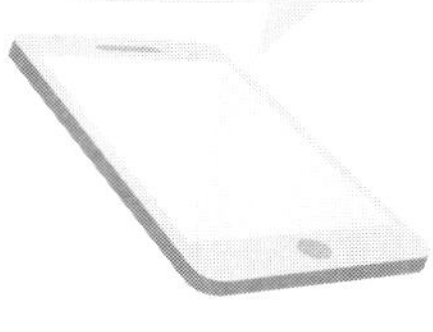

入金をチェックしていて、家賃の入金が遅れる人が出てくることがあります。振り込むのを忘れてしまったというケースが多いのですが、そうした人には、**メールで家賃の催促**をそれとなく入れておきます。電話だとちょっと抵抗がある人でもメールであれば抵抗は少ないと思います。

Ｇｏｏｇｌｅスプレッドシートにメールアドレスを記載しておけば、メールアドレスをコピー＆ペーストして、すぐにメールを送ることができます。

入金管理といっても、たったこれだけです。決められた期日にきちんと家賃が入金されているかどうかを確認して、確実にローンを返済していく。使うのは**Ｇｏｏｇｌｅのツールやインターネットバンキングだけ。**自分でやっても月末に**1時間もあれば、すべての作業が終わってしまいます。**

スマホで入金をチェック

実は管理会社による入金管理のトラブルは、意外と多いのです。

最悪な事例としては、財務状態があまりよくない管理会社に依頼したところ、家賃を着服されてしまったというケースです。そこまでひどくなくても、ほかの業務が忙しくて入金の確認をし忘れるというケースもあります。

また、大きな管理会社だと、入金管理の部署が専門的に独立している場合があります。ところが、入居者はそんなことを知りませんから、家賃の督促などでトラブルになることがあります。

そのようなことがないように、ぜひ、スマホを使った自主管理を実践してみてください。

コラム

犯罪環境学から学ぶ物件をスラム化させないコツ

犯罪が起きやすい3つの条件

犯罪者の動機ではなく、犯罪が起きやすい環境を分析するのが環境犯罪学という分野です。この学問分野では、犯罪が起きやすい条件を3つ定めています。

①犯罪を起こそうという人がいる
②ふさわしいターゲットがある
③抑止力のある監視者がいない

普段から、この3つの条件が揃わないように物件の管理を行なえば、物件はスラム化しないのです。もちろん、散歩がてらに巡回するのも犯罪を抑止するのに大きく関わっています。

マンションは高ければ高いほど犯罪が起きる⁉

なかでも重要なのが、抑止力のある監視者の不在という条件です。犯罪が起きやすい建物というのは、監視者不在が問題なのです。

たとえば、マンションやアパートでは、建造物の高さが高ければ高いほど、共用スペースでの犯罪が増えるというデータがあります。部屋数が多いほど、住民同士がお互いを知る機会がなく、不審者が入っていても気づかないからです。

セキュリティーシステムがしっかりしているタワーマンションは一見すると犯罪が少な

いように思われますが、実は空き巣などはそうしたタワーマンションや高層階を狙うケースが増えているといいます。エントランスのオートロックが万全だという安心感があり、住民の中には窓を開けっ放しにしたり、ときには玄関に鍵をかけずに出てしまったりすることも少なくありません。

実際に捕まった窃盗犯にインタビューをしてみると、上階に行けば行くほど、防犯感覚が希薄であることが多く、しかも金持ちが多いとのことでした。さらに屋上は基本的に誰もいないので、いざというときに身を隠すことができます。お互いに関心を持てないタワーマンションは、犯罪者を監視できない環境になっており、大きな問題を引き起こす可能性があります。

犯罪リスクが少ないのはキレイな街

ところで、犯罪率が少ない街には共通点があります。それは、街がキレイであるということです。街に愛着を持っている人が多いところは、ゴミが乱雑に放置されることもなく、不衛生な部分がなかったりするものです。

たとえば、並木が整理されている、公共スペースである公園の植栽がキレイに整備されて清掃も行き届いているなど、細かい配慮がなされている街は、犯罪が少ないといっても過言ではありません。

ゴミが散乱していたり雑多な感じがする街は、犯罪が多いと考えられます。たとえば、周辺の公園のトイレが汚れている地域は要注意です。トイレを使用する人にマナーを守らない人が多いという証拠でもありますし、そこに住んでいる人たちも無関心で、犯罪をする人がいても無頓着である場合が多いのです。

物件の周辺には商店街や繁華街があると思いますが、そういうところで注意したいのがゴミや放置自転車です。

収集日が過ぎてもずっとゴミが置きっ放しなどは論外ですが、小さなゴミでも平気で捨ててあるようなところは、住環境があまりよくないと推測することができます。

　また、ゴミと一緒に放置自転車も要チェックです。放置自転車が溢れているだけでなく、前かごなどにゴミが投げ込まれているところは、犯罪の抑止力が効かない街であることがわかります。ゴミは放火の原因にもなりますから、キレイな街かどうかはきちんとチェックをしておきましょう。

　一方で、落書きがあるかどうかも、犯罪の抑止力が効くかどうかのバロメーターであるといえると思います。

　落書きが書かれていても、すぐに消されるような状況であれば、さほど問題はありません。しかし、落書きされていて、さらにその上にも落書きがされているような状態は、誰も監視する人がいないと判断できます。

周辺にコンビニが多いと空き巣が増える⁉

　防犯についてもう1つ気をつけなければいけないのが、コンビニエンスストアの数です。

コンビニエンスストアが多い街というのは、単身者が多く、夜中に帰ってくる人が多いベッドタウンです。実は、こうした街は、空き巣が仕事をしやすい場所としてターゲットにされてしまう傾向があります。

一度、空き巣に入られた建物は何度も入られる傾向があります。これは空き巣にとって、メリットがある環境が整っているからです。具体的には、建物周辺が暗かったり、植栽が伸び放題で周囲からの覆いの役目を果してしまっていたりして、犯罪が行なわれやすい環境です。ポイントは、犯罪者にとって隠れやすい場所があるかどうかです。

また、玄関がオートロックでも、裏口や駐車場、ゴミ置場などの鍵が空いていて、ゴミが放置されている建物なども、犯罪が発生しやすい環境になっています。こうした物件は早急な手入れが必要です。

第5章

利回りの改善

無駄を見つければ、もっと儲かるようになる

ＰＤＣＡでもっと儲かる部分を探す

この段階では、集客、建物管理、賃貸管理にそれぞれ仕組みができて、あとはそれを運用するだけになっていると思います。

仕組みを回す上で忘れてはいけないのが、収益性を高めるために、具体的に何をすべきかを常に考えることです。

基本的には、**コストを下げて、収益を上げる**ことですが、それだけではビジネスの収益性は高まりません。

ＰＤＣＡ（Plan-Do-Check-Action）で最も重要なのは、**チェックをする**ことです。自分が今やっていることについて、もっと収益性を上げるポイントはないか、もう一度しっかりと検証をしてみるべきでしょう。

退去後の再募集時には家賃を少し増やしてみる

たとえば、賃貸経営の収益の源泉である家賃を見直すことも行ないます。

以前のオーナーから引き継いだ物件であれば、入居者が退去して、**新たに募集をかけるときに、家賃を見直す**ことを心がけましょう。

なぜなら、以前のオーナーが決めていた家賃は**相場よりもやや低めに設定されていた可能性が少なくない**からです。管理会社に管理を依頼している物件では、管理会社から「家賃を低めに設定しないと空室が埋まらない」といわれることがよくあるのです。

もちろん、物件の築年数によっては、低めの家賃が妥当な場合もあります。

募集のときに何も考えずに現行の家賃で募集をするのではなく、退去をきっかけに、きちんと家賃を見直すことが大事なのです。

ただし、家賃を上げるといっても、いきなり倍にするとか1・5倍にすることはありません。周囲の家賃相場を考えつつ、僕の場合は**10%くらい引き上げ**て、募集をかけています。それで様子を見ながら決まらなければ、少しずつ下げていって調整します。

家賃を上げて、入居者が決まりそうにないときには、**管理費だけを上げる**こともあります。たとえば、現行では管理費がゼロの場合、管理費を3000円にするなどで対応します。

このように、**退去のたびに家賃を見直すことで、全体の利回りを向上させる**ことができるのです。

小スペースで年平均55万円前後の収入

不動産投資のよいところは、土地（資産）を持っていれば、家賃収入以外にもいろいろと有効利用ができて、収益を上げられる点です。

もちろん、立地によりますが、空いている駐車場を**コインパーキング**にしたり、道路に面した小さなスペースに**自動販売機を設置**したりして、少しでも収益を上げていけます。

それぞれのポイントについて説明をしていきましょう。

まず一番費用がかかりそうな設置工事ですが、自動販売機の設置工事は、自動販売機を供給している販売店が負担してくれます。自動販売機の設置でオーナーが負担するのは、実際には自動販売機の電気代だけです。

供給会社が電気代の一部を負担してくれるケースもなかにはありますが、その分、大家さんがもらう協賛金が少なかったりします。**電気代はオーナーが負担する**のが一般的だと覚えておきましょう。

しかし、自動販売機の電気代も、最新の機械を設置することで最小限に抑えることができます。旧型の自動販売機の場合は、毎月5000〜8000円くらいかかっていたのですが、エネルギー効率の高い最新ヒートポンプ式を採用した機械では**毎月2000〜3000円程度**に抑えることができます。

商品の入れ替えや清掃はすべて商品供給会社が行なってくれるので安心です。

大家さんが得られる利益としては、**協賛金**と自動販売機の売り上げから得られる**バックマージン（収益）**があります。

まず設置をすることで得られる協賛金ですが、3年間設置することでもらえる協賛金は**15万〜20万円前後**になります。これは供給会社によって異なるので、なるべく協賛金が高い会社にすることが重要です。

バックマージンも場所によって変わってきますが、**毎月4万〜5万円**くらいです。なお、バックマージンは、定額制のものもあります。

そうすると、電気代を差し引くと**年間で約55万円前後の収入が入る**計算になります。もちろん、駅近の物件であれば、年間で数百万円を稼ぐケースもあります。場所によっては大きな収入源になるのが、この自動販売機による収入です。

自販機の設置は、入居者が飲料を買えるだけでなく、物件の玄関周辺を明るくする効果もあり、夜間は防犯にも役立ちます。

駐車場をコインパーキングに転用する

自動車数台分の空きスペースの有効活用として考えられるのが、**コインパーキング**です。コインパーキングのビジネスを提供している会社は、大手から中小までさまざまです。コインパーキングで収入を得る方法は大きく分けて2つ。

第1は、土地をコインパーキング運営会社に貸し、定額の収入を得る方法。

第2は大家さんが機械設備を購入して、コインパーキングを設置し、管理運営を会社に委託するという方法があります。

たとえば、大手コインパーキング会社では、土地を貸して一定額の賃料を受けるというシステムです。機械や設備は大手会社がすべて用意し、運営もすべて行なってくれるので安心です。機械の故障などでトラブルが起きたとしても、24時間365日、いつでも対応してくれます。また、大手のブランド力で集客力もあるというのも魅力的です。

しかし、駐車場の稼働率が上がっても収入が増えなかったり、稼働率が低いと定額でも値下げ交渉があったりするなど、一定の収入につながらないケースもあります。

一方、中小のコインパーキング事業者では、大家さんが設備を購入するケースがあります。初期費用がかかりますが、駐車場の収入がすべて大家さんに入るところもあるのです。

コインパーキングの収入はあくまでも副収入なので、**負担が少なく、収益が得られる会社を選ぶ**のがポイントです。


コインパーキングで一定の収益を上げて成功している大家さんのコインパーキング会社選びを調べてみると、次のようなルールがありました。

まず、運営事業会社は、**比較的小さい事業会社を選ぶ**ことです。小回りがきくのと、定額賃料も大手に比べるとやや高いという特徴があります。なぜ賃料を高くできるかというと、自社管理にしているため、固定費があまりかからないからです。

また、小さい事業会社でも、大家さんが設備を購入せずに、設置から管理、運営まで**すべて運営会社に一任できるところ**もあります。そうしたところを選んで依頼することが重要です。

コインパーキングの収入は場所にもよりますが、そのエリアの**月極め駐車場の賃料の1・5〜2倍程度の収入**が見込めるようです。

受水槽（貯水槽）を撤去して駐車場をつくる

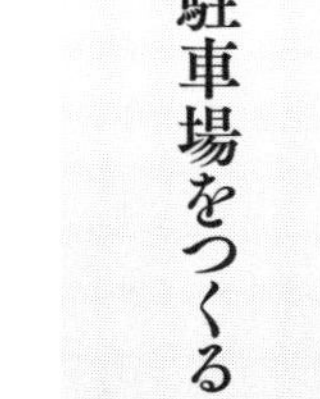

僕が所有している物件で、上水道が受水槽式の物件がありました。

受水槽式の物件の場合、水道管から水を受水槽に入れ、そこから給水ポンプで各部屋に水を提供する仕組みになっています。

受水槽式は意外とランニングコストがかかります。年に1回、10万円程度の水質検査や清掃が義務づけられています。それだけではありません。給水ポンプには毎月７０００円ほどのコストがかかっていました。水質検査や清掃を合わせて年間で18万４０００円かかる計算になります。

受水槽のスペースを収益源に変える

また、受水槽式のポンプは電気で動く機械なので、地震などで停電になった場合、水が止まってしまいます。入居者のためにも受水槽式の給水システムはなんとかしなければいけないと思っていました。

その物件の受水槽は2つあり、それぞれ給水ポンプがついているので、8畳ぐらいのスペースを占めていました。そこで、受水槽とポンプを撤去して、直結増圧式に変え、余ったスペースを**バイク駐車場**にしようと考えたのです。

直結増圧式とは、水道管に管を通してブースターポンプをつなぎ、増圧して各部屋に水を送るシステムです。基本的には水道管の水圧で給水するので、階数が高い物件では利用できません。しかしながら、直結増圧式は、直接、水道管につながるので、新鮮な水が飲めるのと、停電になっても水圧は弱まるものの給水される利点があります。

直結増圧式への切り替えと、受水槽やポンプの撤去も含めて、最終的に2棟分で１０５万円かかりましたが、入居者の住みやすさにつながると思い、先行投資をしました。

現在では、空いたスペースにバイクの駐車場のほかに自動販売機も設置して**年間50万円のキャッシュフロー**が得られるようになりました。

金利の無駄をなくして収益を上げる

コスト削減としては、**金利を下げる**ことにも努力してみましょう。とくに大規模な金融緩和が行なわれている２０１８年４月現在は、**金利を下げるチャンス**です。
最も高い金利で借りていた物件を例にして、金利を下げると、どのくらいコスト削減につながるのかを見ていきましょう。

その物件は、借入金5700万円、借入期間30年（360回払い、変動金利）で資金調達をしました。返済方法は元利均等払いです。当初、スルガ銀行から**年利4・5％**で借りていたので、1カ月の返済額は28万8810円になります。1年の返済額は346万5720円です。

これを借り換えによって、**年利1・2％**まで圧縮することができました。

1カ月の返済額は18万8617円、1年間の返済額は226万3404円となります。

30年間で支払う金利だけでも**約3600万円も圧縮**できたのです。

この例だけでも、金利を下げることの重要性が理解できると思います。

金利の無駄をなくすきっかけになったのは、スルガ銀行から融資枠の上限に達したといわれたからでした。そこで新たに取引を行なってくれる金融機関を探すことになりました。

探す方法は、もちろん**グーグル検索**です。

検索窓に「不動産投資　銀行」と入れて、不動産投資の融資を行なっている銀行を探し、融資をしてほしいと依頼して回りました。

最初は断られることが多かったのですが、不動産投資の実績を示すことで検討してもらえるようになりました。最終的には、地方銀行と信用金庫の開拓に成功しました。

では、金融機関とどのような金利の交渉をすればいいのでしょうか？

金利交渉といっても、こちらの主張を相手に無理やり通すわけではありません。自分の存在が相手にとって重要であれば、金利交渉は自然とうまくいきます。

たとえば、確定申告書や決算書を持って収支の報告に行くときに、「金利を下げてもらえませんか？」と打診をしてみることです。その際、「借り換えを提案してくる金融機関があります」と伝えておくのもいいと思います。

そして、**銀行にとってよいお客様になる**ことです。融資をしてもらっている銀行の紹介で保険にも加入していますし、定期預金も預けています。自分がその銀行にとって重要なお客様であれば、金利交渉も有利に進めることができます。

不動産投資の融資は、取引高が大きくなりがちです。そのため、大口のお客様には他行に借り換えられないように担当者が非常に警戒しているものです。もちろん、銀行同士はライバル関係にあり、お互いにどのくらいの金利で融資をしているのかは互いに知りません。

そのため、銀行の担当者は、僕にほかの金融機関の動向を聞くしかありません。

「他行は何かいってきていませんか？」と聞いてきたら、「借り換えはしないけど、今の金利をもう少し下げられないか？」などと打診すれば、「ご相談に応じさせていただきます」と、こちらの主導権を保って交渉ができます。

こうして金利の交渉をして、大幅に金利を下げることができました。

コストを考えて借り換えをしよう

融資の借り換えにはコストがかかります。融資を受けている金融機関からのペナルティーと新たに金銭消費貸借契約を結ぶ際の手数料などのコストです。

それらの**コストを考えて、借り換えを実行**しましょう。

たとえば、スルガ銀行の場合、融資を受けてから5年以内に借り換えすると、ペナルティーがあります。僕のときは100万円のペナルティーだったのですが、短期的に考えても、トータルで考えても、ペナルティーを支払ってでも借り換えしたほうが得だったのです。

スルガ銀行に借り換えの話を伝えたところ、金利を2%台にするという引き留めがありました。しかし、スルガ銀行で1%台にするのは無理で、よくて2%台の後半だろうと思ったので、ペナルティーを支払って、ほかの金融機関に変えることにしたのです。

ただし、新たに金融機関と金銭消費貸借契約を結ぶ必要があり、手数料や抵当権設定などの登記費用がかかります。ペナルティーのほかにさまざまな手数料がかかることを想定して、借り換えを考えるようにしましょう。

金融機関が一番嫌がるのは、急に借り換えをすることです。なんの前触れもなく急に支店に現われて、「今日、借り換えるので手続きをしてください」という投資家もいるそうです。

これでは担当者の立場も丸つぶれになってしまいます。長い間、お付き合いするのですから、僕は必ず**情報を共有して、事前に報告をしています**。

［著者］
小林ヒロシ（こばやし・ひろし）
東京生まれ、東京育ち。大学卒業後、海外取引メインの商社、外資系マーケティング会社などを経て、2011年、サラリーマンを卒業。不動産の仕事の経験は皆無で、ゼロから不動産投資を始めて、現在、東京都・城東地区に集中して7棟の不動産を保有。すべて自主管理だが、ほぼ満室をキープ（現在満室）。経済的自由、時間的自由な生活を享受している。保有物件がすべて自転車で通える地元（自宅から5キロ圏内）にあり、ママチャリで移動して自主管理をしている。通称「ママチャリ大家」。ＭＢＡ（経営管理修士）、中小企業診断士、1級販売士、英検準1級などの資格を持つ。法政大学イノベーション・マネジメント総合研究所特任研究員。ＭＢＡで学んだ戦略やマーケティングを不動産投資に落とし込み、収益アップにつなげている。総投資額5億5000万円、家賃年収約4000万円、利回り10.2％（自家使用除く）。著書に『「自主管理」で年4000万円稼ぐマンション経営術』（洋泉社）がある。

ご意見・ご感想はこちらまで　hiroshikster@gmail.com

1日30分で年4000万円稼ぐ！
スマホ1台でらくらく儲かる不動産投資法

2018年５月23日　第１刷発行

著　者——小林ヒロシ
発行所——ダイヤモンド社
〒150-8409　東京都渋谷区神宮前6-12-17
http://www.diamond.co.jp/
電話／03･5778･7234（編集）　03･5778･7240（販売）
装丁————秦浩司（hatagram）
DTP————荒川典久
製作進行——ダイヤモンド・グラフィック社
印刷————八光印刷（本文）・慶昌堂印刷（カバー）
製本————宮本製本所
編集担当——田口昌輝

ISBN 978-4-478-10492-7